HISTOIRE

DE LA

RESPONSABILITÉ CRIMINELLE

DES MINISTRES

EN FRANCE

DEPUIS 1789 JUSQU'A NOS JOURS

PAR

Louis FERSTEL

PARIS
SOCIÉTÉ FRANÇAISE D'ÉDITIONS D'ART
L.-H. MAY
9 et 11, rue Saint-Benoît, 9 et 11

1899

HISTOIRE
DE LA
RESPONSABILITÉ CRIMINELLE
DES MINISTRES
EN FRANCE
Depuis 1789 jusqu'à nos jours.

HISTOIRE

DE LA

RESPONSABILITÉ CRIMINELLE

DES MINISTRES

EN FRANCE

DEPUIS 1789 JUSQU'A NOS JOURS

PRÉCÉDÉE D'UNE ÉTUDE
SUR LA RESPONSABILITÉ EN ANGLETERRE
ET DANS LES AUTRES PAYS DU MONDE
ET SUIVIE DE PIÈCES JUSTIFICATIVES

PAR

Louis FERSTEL

PARIS
SOCIÉTÉ FRANÇAISE D'ÉDITIONS D'ART
L.-HENRY MAY
9 ET 11, RUE SAINT-BENOIT

1899

PRÉFACE

Depuis la Restauration, de nombreuses études ont été publiées en France sur la responsabilité criminelle des ministres. Parmi ces écrits, il en est qui sont signés de noms célèbres (1); d'autres portent la marque de longues et consciencieuses recherches (2). Mais les uns accordent trop de place aux développements théoriques, tandis que les autres ne présentent qu'un exposé sommaire de la législation, des discussions des Assemblées délibérantes et des débats des Cours de justice.

Le livre que nous donnons aujourd'hui au public est, comme l'indique son titre, l'histoire des essais qui ont été tentés et des mesures qui ont été prises en France, depuis 1789, dans l'ordre législatif et dans l'ordre judiciaire, pour mettre en action le principe de la responsabilité criminelle des ministres.

(1) Benjamin Constant, *De la responsabilité des ministres*.

(2) Entre autres, Lucien Delabrousse, *La responsabilité criminelle des ministres* d'après les précédents; *Revue politique et littéraire*, VIIIe année, 2e série, n° 16. — 20 octobre 1877; — Henri Hervieu, *Les ministres, leur rôle et leurs attributions dans les différents États organisés*, Paris, 1893, 1 vol. in-8, chap. VIII.

Dans l'Introduction, nous avons tracé un rapide tableau de la responsabilité criminelle des ministres dans le pays classique de la liberté, l'Angleterre. Nous l'avons fait suivre d'un résumé très succinct de la législation constitutionnelle des différents pays d'Europe et de plusieurs contrées d'Amérique.

Après ce voyage à travers l'Europe et le monde, nous sommes revenu en France. Dans un premier chapitre, intitulé : *Les cahiers de 1789 et la Constitution de 1791*, nous avons d'abord passé en revue les quelques cas de responsabilité criminelle qu'on rencontre dans l'ancienne monarchie, et ensuite nous avons étudié cette responsabilité dans les cahiers de 1789, dans la législation constitutionnelle et pénale de l'Assemblée constituante, dans le rapport de Hérault de Séchelles à l'Assemblée législative et dans les lois de cette époque, dont la dernière indique que l'heure des mesures de salut public a sonné.

Le chapitre II, intitulé : *Les ministres de Louis XVI*, retrace l'histoire des accusations qui ont été portées, de 1789 à 1794, par l'Assemblée législative et par la Convention nationale, contre plusieurs ministres du roi Louis XVI. Nous avons eu soin de mettre à part et de mentionner simplement, sans entrer dans d'autres développements à leur égard, six ministres qui, pendant cette période, ont été l'objet de poursuites pour motifs autres que l'exercice du pouvoir ministériel. Par contre, nous avons examiné avec un soin particulier les accusations dirigées contre onze ministres de Louis XVI : Duport du Tertre, de Joly, Montmorin, De Lessart de Valdec, Duportail, Narbonne, de Grave, Lajard, d'Abancourt, Tarbé, Bertrand de Molleville, pour l'exercice du pouvoir ministériel. Nous ne nous sommes pas contenté d'interroger les dictionnaires et les Biographies, de mettre à contribution l'*Histoire parlementaire*, si riche en faits et en documents, et quelques ouvrages estimés, tels que l'*Histoire de Robespierre*, de M. Ernest Hamel, le *Tribunal révolutionnaire*, de M. Campardon, le *Procès des Dantonistes*, de M. le docteur Robinet ; nous avons été droit aux sources originales, nous voulons dire le *Moniteur*, le *Bulletin du Tribunal révolutionnaire* et les *Jugements du Tribunal révolutionnaire*. Ces deux derniers documents, qu'on ne trouve à peu près complets qu'à la Bibliothèque de la Ville de Paris, nous ont permis d'indiquer nettement, pour chaque personnage, le caractère de l'accusation dont il a été l'objet. Quant à l'impression générale qui résulte de la lecture de ce chapitre, on peut la résumer en quelques mots. Parmi ces ministres que le glaive de la loi a frappés, quelques-uns sont obscurs et d'autres célèbres ; il y en a eu de médiocres et d'autres doués d'une remarquable intelligence ; mais, la plupart se sont mis du côté de la cour et du roi contre l'Assemblée et la nation et ont été dans cette voie jusqu'à la trahison.

En terminant, nous avons dit un mot des accusations portées contre Clavière, Le Brun et Danton, sous la Convention, et qui n'ont pas été motivées par l'exercice du pouvoir ministériel.

Le chapitre III est intitulé : *La Restauration*. Il commence par une rapide étude des dispositions des Constitutions de l'an III et de l'an VIII relatives à la responsabilité criminelle des ministres. Celles de la Charte de 1814 méritaient d'attirer davantage l'attention. Nous avons fait ressortir l'importance de l'ouvrage que Benjamin Constant a publié, en 1814, sous le titre de la *Responsabilité des ministres*. L'éloquent écrivain a été, peu de temps après, le principal rédacteur de l'Acte additionnel de 1815 qui reflète ses idées sur la responsabilité des ministres. Deux projets de loi ont été déposés à la même époque sur le sujet qui nous occupe ; celui de M. Farez, et celui de M. le garde des sceaux Pasquier. Nous avons consacré quelques pages à l'examen de la proposition de M. Farez, nous avons fait connaître le projet de M. Pasquier ; et, sans passer sous silence la proposition d'accusation de M. Clausel de Coussergues contre M. Decazes, nous avons donné à celle de M. Labbey de Pompierres contre le ministère présidé par M. Villèle tous les développements qu'elle méritait. Nous avons été conduit ainsi jusqu'au seuil de l'année 1830, qui est célèbre entre toutes dans l'histoire de la responsabilité criminelle des ministres.

Le chapitre IV, qui a pour titre : *la Monar-*

chie de Juillet, embrasse toute la période comprise entre le 25 juillet 1830 et le 24 février 1848. L'arrivée de M. de Polignac au pouvoir devait être le prélude des tragiques événements qui ont marqué la fin du Gouvernement de la Restauration. Après l'Adresse des 221, la dissolution, puis la victoire de l'opposition dans les élections, ensuite les Ordonnances, enfin la chute du trône de Charles X ! Quatre des ministres sont arrêtés, les trois autres réussissent à s'enfuir. Alors commence ce grand procès politique, au cours duquel ont été établies les règles qui, désormais, présideront à l'accusation et au jugement des ministres en France. Ces règles, la Chambre des députés, qui accusait, la Chambre des pairs, qui a jugé, les ont observées. Nous avons suivi pas à pas l'accusation, depuis le dépôt de la proposition de M. de Salverte jusqu'au prononcé de l'arrêt de la Cour des pairs dans une froide nuit de décembre.

Après l'arrêt, les propositions et projets de loi. Ils sont nombreux en ce qui concerne la responsabilité des ministres : proposition de M. Duvaux; projets de loi de M. Barthe et de M. Persil, tous deux gardes des sceaux de la Monarchie de Juillet. Discussions à la Chambre ; procès des anciens ministres Teste et Cubières à la Cour des pairs, et enfin, proposition d'accusation du ministère Guizot par M. Odilon Barrot, le 22 février 1848. Deux jours après, le vieux roi était en fuite et son trône en cendres !

Le chapitre V, intitulé : *Les Constitutions de 1848 et de 1875*, embrasse une période de trente ans : de février 1848 à 1878. La Constitution du 4 novembre 1848 établit une double responsabilité : celle du Président et celle des ministres. M. Ledru-Rollin essaie deux fois de la mettre en action, en janvier et en juin 1849. Il est proscrit, et la Constitution elle-même est renversée le 2 décembre 1851. Il y a lieu de mentionner le décret de déchéance rendu par l'Assemblée nationale, réunie à la mairie du Xe arrondissement, et l'arrêt de la Haute-Cour.

Il faut passer rapidement sur la période du second Empire. La République est de nouveau proclamée. Les lois constitutionnelles de 1875, comme l'avait fait la Constitution de 1848, établissent la responsabilité du Président de la République et celle des ministres. Nous avons étudié avec soin ces dispositions qui nous régissent aujourd'hui encore. Nous les avons rapprochées des articles des importantes propositions de loi de M. Pascal Duprat.

Le chapitre VI et dernier porte comme titre : *Du 16 mai à nos jours*. Voici le 16 mai 1877. La France résiste au maréchal de Mac-Mahon et à ses ministres, et cette résistance est victorieuse. Aussitôt une enquête, et, après l'enquête, une proposition de mise en accusation. Puis, malgré les éloquentes objurgations de MM. Brisson, Floquet et Madier de Montjau, la Chambre de 1879 abandonne sa Commission d'enquête, et, au lieu de frapper d'un vote d'accusation les ministres du 17 mai et du 23 novembre 1877, elle leur inflige un simple ordre du jour de flétrissure.

Deux ans après, le général de Cissey, ancien Ministre de la Guerre, accusé de trahison et de concussion, est lavé de ces inculpations par une résolution de la Chambre, prise à l'unanimité, et l'ancien Ministre des Travaux publics Baïhaut est condamné par la Cour d'assises de la Seine pour faits de corruption. Dans l'intervalle se placent le vote de la loi organisant la procédure à suivre devant le Sénat lorsqu'il s'agit de la répression d'un attentat contre la sûreté de l'Etat, et le procès intenté au général Boulanger et à MM. Rochefort et Dillon, qui n'a eu d'ailleurs à aucun degré, le caractère d'un procès dirigé contre un ministre pour faits accomplis pendant son ministère.

Fallait-il s'arrêter là? Nous ne l'avons pas pensé. Dans ces derniers temps, il s'est produit un événement qui aura, peut-être, des conséquences en ce qui touche la responsabilité criminelle des ministres. Un arrêt a été rendu, le 3 juin 1899, par la Cour de cassation toutes chambres réunies. A la suite de cet arrêt, le Ministère alors en fonction a cru devoir saisir la Chambre d'une proposition d'accusation contre un ancien Ministre de la Guerre. Un important débat a eu lieu à ce sujet. Diverses théories ont été émises touchant la responsabilité criminelle des ministres. Puis un vote d'ajournement a été rendu. La question sera posée de nouveau dans quelques semaines. Nous avons consacré la dernière partie du chapitre VI à cette discussion. Nous nous sommes borné, d'ailleurs, à exposer les faits et les opinions, en laissant la parole presque toujours au *Journal officiel*.

On le voit, la carrière que nous avons parcourue était vaste; elle était aussi semée de difficultés. Arrivé au terme, il nous sera bien permis de dire que si l'on aperçoit, en lisant cette étude, que nous sommes profondément dévoué aux idées de liberté et de justice, nous n'avons jamais oublié non plus que l'historien a le devoir de montrer d'autant plus de sangfroid et de calme que les sujets qu'il aborde prêtent davantage aux controverses et aux passions.

L. F.

Juillet 1899.

INTRODUCTION

I

L'histoire d'Angleterre nous offre de nombreux exemples d'accusations criminelles intentées à des ministres. Le Gouvernement représentatif, on le sait, a été établi dans ce pays bien longtemps avant de faire le tour du monde. La responsabilité des ministres est aujourd'hui le principe fondamental de la Constitution anglaise, non seulement la responsabilité politique, mais encore la responsabilité criminelle. Toutefois ce principe n'a pas été accepté sans luttes. Rappelons aussi brièvement que possible ces graves événements, qui ont été parfois aussi de grands combats de la liberté.

Le premier procès criminel dont nous ayons à parler est celui de Thomas More, le lord chancelier d'Angleterre qui, sous le règne de Henri VIII, fut accusé de haute trahison (1). C'était un homme savant et intègre ; il était aimé du peuple. Lorsque le roi fut résolu à répudier sa femme Éléonore d'Aragon, pour épouser sa

(1) Il était l'auteur du livre célèbre, intitulé : *l'Utopie*.

maitresse, Anne de Boleyn, More, après avoir inutilement combattu ce projet, rendit les sceaux. Plus tard, il ne voulut point assister à la cérémonie du couronnement d'Anne de Boleyn ; enfin, il refusa de reconnaître la suprématie spirituelle que Henri VIII s'était arrogée après s'être séparé de Rome. Comme il fallait trouver un prétexte pour perdre l'ancien lord chancelier, on l'accusa d'avoir entretenu des intelligences avec une visionnaire du Comté de Kent qui avait prédit que le roi mourrait avant un mois d'une mort infâme s'il épousait Anne de Boleyn. Cette visionnaire, Elisabeth Barton, fut emprisonnée; Thomas More fut arrêté peu après avec l'ancien précepteur de Henri VIII, l'évêque Fischer. Des commissaires furent nommés pour instruire son procès ; ils le firent traîner en longueur. Dans l'intervalle, le roi fit rendre un bill qui rangeait dans la catégorie des crimes de haute trahison le refus de reconnaître sa suprématie spirituelle. Nous n'avons point le dessein de relater les incidents de ce procès où l'odieux le dispute au ridicule (1). Thomas More comparut, le 7 mai 1535, devant le tribunal spécial qui avait été chargé de le juger. Il fut condamné à la peine de la potence. Le roi commua cette peine en celle de la décapitation « en considération du haut emploi que More avait occupé dans le royaume ».

Le 3 février 1588, pendant la minorité de

(1) Paquis et Claudon, *Procès des ministres anglais accusés de haute trahison et traduits devant le Parlement*, Paris, 1830, 1 vol. in-8, p. 5 à 25.

Richard II, un procès pour haute trahison fut intenté par la Chambre des communes à Alexandre Nevil, archevêque d'York, Robert de Vere, duc d'Irlande, Michel de la Pole, comte de Suffolk, chancelier d'Angleterre, Robert Trésilian, lord-chief-justice d'Angleterre, et Nicolas Brambre, maire de Londres. Michel de la Pole, particulièrement, fut accusé de crimes d'Etat et de malversations. Il nia une partie de l'accusation et avoua l'autre en cherchant à l'excuser. Il fut enfermé au château de Windsor et eut ses biens confisqués. Quelque temps après, on le fit sortir du château. Il s'enfuit à Calais; l'archevêque d'York et Robert Trésilian se sauvèrent également, ainsi que le duc d'Irlande, qui avait essayé de lever une armée pour marcher sur Londres. Leur procès fut instruit néanmoins par les lords du Parlement. La sentence fut rendue le 13 février. Elle portait « que lesdits archevêque, duc et comte, avec Robert Trésilian, assignés, étaient atteints et convaincus du crime de haute trahison; qu'ils seraient pendus comme traîtres et ennemis du roi et du royaume; que leurs enfants et parents seraient déshérités pour jamais; que leurs terres et redevances, leurs biens et châteaux seraient confisqués au profit du roi, et que les revenus temporels de l'archevêque seraient versés dans les coffres du roi ». Trésilian, que l'on avait saisi sur ces entrefaites, fut traîné sur la claie, puis pendu. Nicolas Brambre subit le même sort quelques jours après.

Thomas Howard, duc de Norfolk, accusé d'avoir cherché à épouser la reine d'Écosse, Marie Stuart, à déposer la reine Elisabeth d'Angleterre et à la dépouiller de sa couronne, fut traduit, le 16 janvier 1571, devant la Chambre des lords. Il plaida *non coupable*. Il fut néanmoins condamné pour haute trahison, et eut la tête tranchée.

Le 18 avril 1589, également sous le règne d'Elisabeth, Philippe Howard, comte d'Arundel, parut devant la Chambre des lords, sous l'inculpation d'avoir, « à plusieurs reprises médité et résolu d'accomplir diverses trahisons contre S. M. la reine, sa royale personne, sa couronne et sa dignité, comme de renverser l'État, d'envahir le royaume, de relever la religion catholique, d'exciter des insurrections, etc. ». Ses accusateurs prouvèrent qu'il avait jeuné et prié pendant un jour pour le succès de la flotte espagnole. Il fut condamné à être pendu ; mais, ayant obtenu plusieurs sursis, il finit par mourir de mort naturelle à la Tour où il avait été enfermé et où il avait passé plus de dix ans.

François Bacon, lord Verulam, vicomte de Saint-Albans, lord chancelier d'Angleterre, fut accusé, le 15 mars 1620 par une Commission de la Chambre des communes de s'être laissé corrompre dans l'exercice de ses fonctions. Traduit devant la Chambre des lords, il adressa à ses juges une longue lettre, dans laquelle il reconnut les actes de corruption qui lui étaient reprochés et invoqua l'indulgence des lords en alléguant que « depuis longtemps il expiait ses fautes par un repentir amer (1) ». Lorsque la Commission de la Chambre des lords lui demanda si cet écrit était bien de sa main : « Oui, mylords, répondit Bacon, cette lettre est bien de ma main ; elle exprime tous les sentiments de mon cœur. Que vos seigneuries aient pitié du roseau brisé par l'orage. » Bacon avait prétexté la maladie pour se dispenser de comparaître en personne devant la Chambre des lords. Néanmoins, le 3 mai 1620, les Communes se rendirent à la Chambre des lords. Leur orateur prit la parole en ces termes : « Les chevaliers, citoyens et bourgeois composant la Chambre des communes, dit-il, ayant porté plainte à vos seigneuries sur les concussions commises par l'ex-chancelier, je viens humblement requérir et demander en leur nom un jugement conforme aux dispositions de la loi. » Le lord-chief-justice, Hatton, qui avait remplacé Bacon dans la dignité de chancelier, se leva alors et déclara que la Haute-Cour avait reconnu le vicomte de Saint-Albans coupable des crimes et des actes de corruption dénoncés par les Communes, ainsi que, de plusieurs autres prévarications ; que, malgré l'absence de l'ex-chancelier, la Cour allait prononcer son arrêt ; qu'en conséquence elle ordonnait « que le vicomte de Saint-Albans, ex-chancelier d'Angleterre, paierait une somme de 40.000 livres à titre d'amende, qu'il resterait prisonnier à la Tour jusqu'à ce que le bon plaisir du roi l'en

(1) Paquis et Claudon, *Procès des ministres anglais*, p. 74 à 81.

fit sortir, et qu'il serait désormais incapable d'exercer aucune fonction, office, emploi ou place dans les affaires publiques, et déchu du droit de siéger à la Chambre ».

Le ministre, ainsi flétri comme concussionnaire, est le même Bacon qui s'est acquis, dans les sciences et dans la philosophie, une renommée impérissable, et qui, avec Newton, est l'un des plus grands génies dont s'honore l'Angleterre.

Le Gouvernement des Tudors avait l'apparence d'un pouvoir despotique : c'était en réalité un pouvoir consenti ; toute sa force était dans l'obéissance du peuple anglais. C'est ce que méconnurent les Stuarts, et ce fut la cause première des conflits et des luttes qui aboutirent au procès et à l'exécution de Charles Ier, puis au renversement de Jacques II. Jacques Ier, qui affectait toute la pédanterie du despotisme, commença une controverse sur les pouvoirs du Parlement ; il n'en fallait pas davantage pour faire constater solennellement les droits des représentants de la nation.

Les premiers Stuarts trouvèrent, pour les seconder dans leurs entreprises contre les libertés de l'Angleterre, trois ministres qui, tous trois, eurent un fin tragique : Buckingham, Strafford et Laud.

Le premier acte du Parlement convoqué le 21 février 1626 fut d'accuser Buckingham. Le roi prit fait et cause pour son ministre. « Je dois vous faire connaître, dit-il aux Communes, que je ne souffrirai pas que vous poursuiviez aucun de mes serviteurs, encore moins ceux qui sont placés très haut et près de moi (1). » Mais les Communes ne tinrent aucun compte de cette menace. Elles désignèrent huit de leurs membres pour soutenir, dans une conférence avec la Chambre des lords, les poursuites contre le ministre. Le roi fit arrêter et mettre à la Tour deux des commissaires; aussitôt la Chambre des communes déclara qu'elle interromprait ses travaux jusqu'à ce qu'ils fussent en liberté, et il fallut les relâcher. Mais, le 15 juin, Charles Ier prononça la dissolution du Parlement. Buckingham, se croyant désormais à l'abri de toute attaque, poussa le roi à déclarer la guerre à la France; l'expédition envoyée au secours de La Rochelle, qu'assiégeaient les troupes de Richelieu, aboutit à un désastre : Buckingham fut rendu responsable de cet échec des armes anglaises. Réunie le 17 mars 1628, la nouvelle Chambre des communes avait, dès le 8 mai, rédigé, adopté et transmis à la Chambre des pairs le fameux bill connu sous le nom de *pétition des droits*, et Charles Ier était contraint de l'accepter. Immédiatement après, les Communes formulèrent une « remon trance » contre Buckingham; le roi y répondit par la prorogation du Parlement. Deux mois après, le duc de Buckingham tombait sous les coups l'assassin Felton.

Le ministre qui succéda à Buckingham dans la faveur du roi fut sir Thomas Wentworth, de-

(1) F. Guizot, *Histoire de la Révolution d'Angleterre*, depuis l'avènement de Charles Ier jusqu'à sa mort. Paris, 1850, 2 vol. in-8, tome I, p. 29.

venu célèbre sous le nom de lord Strafford. Le plan de Strafford, auquel, dit Macaulay, il avait lui-même donné le nom expressif de *fond en comble* (*thorough*), était de faire en Angleterre ce que faisait Richelieu en France, d'y établir la Monarchie absolue, de mettre la fortune et la liberté des Anglais à la discrétion de la royauté. A l'arbitraire et aux violences le peuple anglais opposa la résistance légale. Cette résistance fut unanime : tous, grands seigneurs, gentilshommes, bourgeois, partisans et adversaires de l'Eglise établie, y prirent part. A la fin il fallut bien convoquer le Parlement. La Chambre des communes porta contre Strafford une accusation de haute trahison ; la Chambre des lords admit l'accusation et ordonna d'emprisonner l'inculpé à la Tour. L'archevèque Laud fut accusé immédiatement après Strafford. Puis on mit en accusation le garde du sceau, lord Finch, et le secrétaire d'Etat Windebank ; celui-ci prit immédiatement la fuite, celui-là, après avoir paru devant la Chambre des communes, eut le temps de passer la mer.

Le procès de Strafford fut instruit avec vigueur. Le 22 mars 1641, les débats s'ouvrirent devant là Chambre des lords (1). La Chambre

(1). MM. Paquis et Claudon, dans leur récit très détaillé du procès de Strafford, donnent les curieux détails qui suivent : « Le lieu assigné pour le procès était la grande salle de Westminster, où l'on avait construit un cabinet pour le roi, la reine et le prince royal, qui suivirent exactement tous ces débats, mais de telle manière qu'ils entendaient tout sans être vus ni voir ; car le Parlement ne voulait pas que la présence de Sa Majesté pût ôter aux membres la liberté de juger selon leur conscience. Le roi aimait l'accusé, le soutenait de tout son pouvoir et lui avait positivement promis que jamais on ne ferait tomber un cheveu de sa tête,

des communes tout entière soutint l'accusation de sa présence, et avec elle siégèrent les commissaires d'Ecosse et d'Irlande, également accusateurs. « Pendant dix-sept jours, dit M. Guizot, Strafford discuta seul contre treize accusateurs qui se relevaient tour à tour (1), les faits qui lui étaient imputés. » Un grand nombre de faits furent prouvés invinciblement. Tout en les avouant, Strafford employait les ressources de son éloquence à démontrer que ces faits ne rentraient pas dans la définition légale de la haute trahison. En réalité, le statut d'Edouard III, sur lequel était en partie basée l'accusation, avait reçu tant d'interprétations différentes que le caractère de la haute trahison n'était pas encore juridiquement établi (2). Aussi les Lords se montraient-ils de jour en jour plus favorables à Strafford. La Chambre des communes prit alors une résolution extrême. Elle lança contre Strafford un bill *d'attainder*. C'était, par acte du Parlement, le déclarer coupable de trahison et le condamner à mort pour ce fait. Le bill fut voté en première et seconde lecture par la Chambre des communes. Cependant la résistance de la Chambre des lords n'était pas encore vaincue. Plusieurs conférences eurent lieu entre les Lords et les Communes au sujet du bill *d'attainder*. Pendant ce temps, une

tant que lui, Charles, serait roi d'Angleterre. » (*Procès des ministres anglais*, p. 92.)

(1) C'étaient principalement Pym, Glyn, Palmers, Selden, Hampden — (*Histoire de la Révolution d'Angleterre*, tome I, p. 187.)

(2) Voir, plus loin, le texte de ce statut.

foule furieuse parcourait les rues de Londres en réclamant, à grands cris, la mort du comte de Strafford. Ce dernier demanda la permission de paraître de nouveau devant les Lords, mais ceux-ci, intimidés, refusèrent de l'entendre. Le roi alors prit une grave résolution. Il se rendit, le 1er mai, à la Chambre des communes et déclara qu'il venait, non point pour dire aux membres de la Chambre ce qu'ils avaient à faire, mais pour satisfaire sa propre conscience. « Il affirma : 1° que jamais le comte ne lui avait parlé d'un projet de transporter des troupes irlandaises en Angleterre ; 2° que jamais il ne lui avait conseillé d'établir un Gouvernement arbitraire. Pour lui, il ne voyait donc rien, dans la conduite de Strafford, qui méritât le nom de trahison. Il y avait, sans doute, des malversations, et, en conséquence, il promettait de déclarer l'accusé incapable de remplir aucune charge dans le royaume. Il espérait qu'on lui accorderait le privilège de donner sa voix le premier, et il jurait que jamais ni du cœur, ni de la main, il ne concourrait à punir cet homme comme un traître ; c'est pourquoi il priait la Chambre de chercher quelque autre moyen d'arranger l'affaire (1). » Mais le 8 mai, la plupart des amis que Strafford possédait à la Chambre des lords s'étant absentés, sous prétexte qu'ils redoutaient les violences de la multitude, le bill fut voté à cette Chambre, par 26 voix contre 19. Pendant un jour, le roi refusa de ratifier le bill. Enfin il céda

(1) *Procès des ministres anglais*, p. 119-120.

aux sollicitations de ses conseillers. Le comte lui-même lui avait écrit pour le prier de donner son adhésion à la sentence de mort. Le 12 mai 1641, Strafford porta sa tête sur l'échafaud.

Quant à l'archevêque de Cantorbéry, Laud, qui avait eu la direction des affaires civiles, il attendit pendant quatre ans en prison son jugement. L'accusation releva également contre lui le crime de haute trahison; comme pour Strafford, ce fut un bill *d'attainder* qui termina le long procès de l'archevêque de Cantorbéry. Laud périt sur l'échafaud le 10 janvier 1645.

Tels furent en Angleterre les cas d'application de la loi sur la responsabilité criminelle des ministres sous le règne des deux premiers Stuarts. Après la Restauration, les accusations devinrent plus fréquentes. La première poursuite fut intentée à Clarendon, premier ministre de Charles II. On le rendit responsable de la vente de Dunkerque à la France et de la guerre avec la Hollande. Sa tête fut menacée, il s'enfuit en France et fut condamné par défaut à un exil perpétuel.

Plus tard, lord Danby, premier ministre, fut accusé par la Chambre des communes d'avoir vendu l'Angleterre à la France. Le roi prit sa défense. Les Lords voulurent simplement prononcer contre lui une sentence de bannissement, mais les Communes demandèrent une peine plus sévère. De nombreux pourparlers eurent lieu entre les deux Chambres. Le roi enfin prorogea le Parlement et prononça la dissolution de la Chambre des communes. Une nouvelle Chambre fut élue, mais on ne lui permit pas de siéger. Danby, qui avait été enfermé à la Tour, demanda enfin à la Cour de *Kings'-bench* d'être mis en liberté sous caution. La Cour lui accorda sa demande. La caution fut de 40.000 livres (1 million de francs) ; le procès ne fut pas repris. Ce procès est remarquable par ses conséquences. Danby alléguait pour sa défense un pardon, qu'il avait, disait-il, obtenu du roi. Admettre ce système, c'était reconnaître que la responsabilité des ministres n'était qu'une lettre morte. Il fut décidé qu'aucun ministre ne pourrait être couvert par les ordres du roi, et que les ministres étaient responsables de toutes les mesures prises par la couronne. La Chambre des communes déclara adopter les termes d'un rapport de sir Francis Winington, ex-sollicitor général, dans lequel on lisait ce qui suit : « Un roi n'a pas le pouvoir de pardonner une trahison contre le Gouvernement ; car alors on ne pourrait repousser du Gouvernement les mauvais conseillers... Le roi n'a qu'un pouvoir limité; sorti de ses limites, ce pouvoir n'est plus légal ; c'est pour le bien et le profit du peuple qu'elles lui ont été assignées. Mais prendre sous sa protection un traitre connu, l'auteur de tous nos malheurs, la source de tous les désordres qui nous affligent, est-ce là, je vous le demande, vouloir le bien du peuple? La prérogative est destinée à adoucir la rigueur de la justice et non à en éluder et à en détruire l'empire. Si les ministres peuvent, au gré du prince, obténir le pardon de tous les maux qu'ils font au peuple..., il n'y a plus de sécurité pour les citoyens; notre prétendue liberté, notre prétendu Gouvernement légal n'est plus qu'une chimère, et nous sommes de véritables esclaves (1). » Enfin, toujours à propos de ce procès, fut posée la question de savoir si une accusation pouvait se continuer malgré une prorogation ou une dissolution. Cette question ne fut résolue définitivement, dans le sens de l'affirmative, qu'en 1791, lors du procès de Warren Hastings.

C'est de la Révolution de 1688 que date l'application réelle du régime représentatif en Angleterre. De cette époque à nos jours, on compte, pour atteintes à la sûreté extérieure de l'Angleterre, seize accusations intentées aux ministres et suivies de jugements. Dix accusés ont été acquittés (2), six ont été condamnés. Il y a eu d'autres condamnations encore. Parmi les plus célèbres, nous citerons l'accusation dirigée, à l'avènement de la dynastie de Hanovre, contre deux personnages, Bolingbroke et Harley, qui, vers la fin du règne de la reine Anne, s'étaient mis en correspondance avec le Prétendant. Harley fut enfermé à la Tour, d'où

(1) *Procès des ministres anglais*, p. 160-161.

(2) Voir dans l'ouvrage : les *Procès des ministres anglais*, le récit de l'accusation de concussion portée par la Chambre des communes contre lord Melleville, président de l'Amirauté, et de l'accusation contre Warren Hastings (p. 108 à 227). Dans l'un et l'autre cas la Chambre des lords déclara l'accusé acquitté de toutes les charges portées dans *l'impeachment* de la Chambre des communes. Le procès de Warren Hastings dura sept années.

il ne sortit qu'au bout de trois ans, en 1717. Quant à Bolingbroke, accusé et déclaré coupable, en 1715, de haute trahison, il fut condamné à mort par contumace et dut se réfugier en France.

On sait que c'est Walpole qui habitua les partis à user de tolérance à l'égard de leurs adversaires. Après lui, la pratique de la responsabilité politique entra dans les mœurs du peuple anglais, et depuis, même lorsqu'ils furent aux prises avec les plus graves événements, les ministres respectèrent toujours les principes fondamentaux de la Constitution anglaise.

Après avoir passé en revue les faits, examinons le droit. Comment fonctionne, dans la Constitution anglaise, la mise en accusation des ministres, et quels faits donnent lieu à l'accusation? Le pouvoir d'accusation réside en Angleterre dans l'élément populaire du Gouvernement, c'est-à-dire dans la Chambre des communes. C'est la Chambre des lords qui juge. Tous les pairs sont juges, mais les évêques ne pourraient pas participer à un vote emportant la peine capitale. Des procureurs spéciaux (*managers*) sont nommés par la Chambre des lords. Les débats terminés, le président (*high stewart*) de la Chambre des lords recueille les voix en commençant par le plus jeune pair. Chaque membre mettant la main sur son cœur prononce, selon les cas : « coupable — ou point coupable — sur mon honneur. »

Le crime de haute trahison, qui donne lieu à l'accusation, a été défini par le statut d'Edouard III.

Ce statut déclarait crime de haute trahison :

« 1° Le dessein de tuer le roi, la reine ou le prince royal, et la déclaration de ce projet par une proclamation ;

« 2° Le meurtre du chancelier, du trésorier, et de tous autres grands officiers de la Couronne ;

« 3° Le viol de la reine, de la fille aînée du roi, ou de l'épouse du prince royal ;

« 4° Une déclaration de guerre contre le roi ;

« 5° L'adhésion à la cause des ennemis du roi, soit au dedans, soit au dehors du royaume ;

« 6° La contrefaçon des sceaux de l'Etat et du coin royal ;

« 7° L'émission de fausse monnaie. »

Le crime de trahison se trouvait ainsi clairement spécifié. Cependant, si le statut d'Edouard III avait pourvu à la sûreté du roi, il avait complètement oublié la sûreté de la nation et la stabilité de la Constitution du royaume (1). Bientôt après, le Parlement fit ajouter au statut un *salvo*, dont voici le texte :

« Il est accordé que, si d'autres crimes non énoncés dans ledit statut, et supposés crimes de haute trahison, sont déférés aux tribunaux, ces tribunaux attendront, pour prononcer leur jugement, que le roi et son Parlement aient prouvé et déclaré si les faits devaient être qua-

(1) Paquis et Claudon, *Procès des ministres anglais*, introduction, p. III-IV.

lifiés crimes de trahison ou seulement de félonie. »

A mesure que grandit la puissance du Parlement il fut fait une application de plus en plus sévère aux ministres des dispositions du *salvo*. Le Parlement ne tarda pas à s'arroger à lui seul le droit de décider ce qui était ou n'était pas trahison. Les condamnations devinrent si nombreuses en un demi-siècle que, sous Henri IV, la noblesse obtint l'abrogation de cette loi. Le statut d'Edouard III demeura seul en vigueur, ce qui n'empêcha point les Communes d'invoquer ce *salvo* disparu lorsqu'elles lancèrent contre Strafford le fameux bill *d'atteinder*. Le 14 mai 1649, un acte du Parlement énuméra d'autres cas de haute trahison. Il proclamait actes de haute trahison : 1° Tout écrit ou discours tendant à déclarer le Gouvernement tyrannique, usurpé et illégitime, ou que le Parlement ne possédait pas l'autorité suprême de la nation ; 2° tout complot tendant à soulever le peuple pour changer ou détruire le Gouvernement, toute conspiration tendant au renversement des gardiens de la liberté de l'Angleterre ou du Conseil d'Etat : 3° toute conspiration tendant à exciter une mutinerie dans l'armée, à détourner les soldats de l'obéissance due à leurs chefs et au Gouvernement, l'aide donné aux ennemis de la nation pour envahir l'Angleterre, le fait se joindre à des forces levées par les ennemis du Parlement, de la République ou des gardiens des libertés de l'Angleterre ; enfin la contrefaçon du grand sceau de l'Etat. La peine était la mort. Les biens des condamnés devaient être vendus au profit de la République (1). Depuis lors un acte de la cinquante-septième année de Georges III est devenu la loi constitutionnelle de haute trahison.

L'accusation ne peut-elle avoir lieu qu'en cas de crime défini? On l'a soutenu ; mais, comme l'observe lord John Russell dans son remarquable *Essai sur l'histoire du Gouvernement et de la Constitution britanniques*, cette doctrine est en pleine contradiction avec les trois quarts des mises en accusation qui ont eu lieu avant et depuis la Révolution de 1688. Ainsi, dans le procès des ministres qui signèrent le traité de partage, la Chambre des communes décida, le 1er avril 1701, « que Guillaume, comte de Portland, en négociant et en concluant le traité de partage (lequel était destructif du commerce de ce royaume et dangereux pour la paix de l'Europe), s'était rendu coupable et serait accusé *de grands crimes et délits* ». Il en a été de même à propos des accusations portées contre Oxford et Bolingbroke pour avoir signé la paix d'Utrecht. Or il est évidemment impossible de définir juridiquement le traité destructif du commerce de l'Angleterre et d'énumérer les cas où un ministre compromet la paix de l'Europe.

Depuis le procès de lord Danby sous Char-

(1) Nous reproduisons en entier ce très curieux Acte du Parlement dans les *Pièces justificatives*, n° I.

les II, celui de lord Caermarthen sous Guillaume III, et celui de Hastings sous Georges III, le roi n'a plus eu la faculté d'arrêter les effets d'une accusation portée devant le Parlement. La grâce ne saurait mettre fin aux poursuites. La prorogation du Parlement et la dissolution des Communes ont seulement pour effet de suspendre le procès, elles ne le terminent ni ne l'effacent. Lord Russell résume en ces mots son sentiment sur l'accusation parlementaire : « Autrefois, dit-il, elle a écarté du pouvoir plus d'un mauvais ministre ; pour le moment, le but qu'elle se proposait est atteint par des moyens plus simples (1). » Pourquoi? parce que, comme l'observe ailleurs le même homme d'Etat, « depuis Walpole, la Chambre des communes a été le véritable siège du pouvoir (2). »

Les ministres s'habituèrent de plus en plus à gouverner dans les conditions du Gouvernement parlementaire. La responsabilité criminelle devint dès lors sans application, parce que le principe de la responsabilité politique fut strictement appliqué.

II

La responsabilité criminelle des ministres existe aujourd'hui dans la plupart des pays de l'Europe, et, en première ligne, dans

(1) *Essai sur l'histoire du Gouvernement et de la Constitution britanniques*, p. 150.
(2) John Russell, *Mémoires et Souvenirs*, Paris, Dentu, 1876, p. 453.

ceux qui ont un Gouvernement constitutionnel (1).

En Belgique, d'après une loi de 1848, la Chambre des représentants accuse les ministres devant la Cour de cassation qui les juge. Le roi ne peut faire grâce aux ministres condamnés que sur la demande de l'une des deux Chambres.

En Hollande, l'accusation contre les ministres peut être portée par le roi (ou la reine) et par la seconde Chambre. Elle est jugée par une Haute-Cour formée sur les propositions de la première Chambre.

En Danemark, la seconde Chambre (*Folkething*) a le droit de mettre les ministres en accusation devant une Haute-Cour (*Rigsrat*) dont les membres sont nommés par la première Chambre (*Landsthing*). Le roi ne peut faire grâce aux ministres sans le consentement du *Folkething*.

En Suède, le Comité de constitution de la Diète est chargé d'exercer une surveillance constante sur les ministres et les conseillers d'Etat. Cette Commission, en cas de crime ou délit commis par un ministre, a le droit de le poursuivre devant la Cour du royaume (*Riksrätt*).

En Norvège, la Constitution de 1814, qui n'admet pas le principe de la responsabilité

(1) Voir Demombynes. *Constitutions européennes*. Paris, 1883, 2e édition 2 vol. in-8 ; — Lair, *Des Hautes-Cours politiques en France et à l'étranger*, Paris, 1889, 1 vol. in-8 ; — Henri Hervieu, *Les Ministres, leur rôle et leurs attributions dans les différents États organisés*, Paris, 1893, 1 vol. in-8.

politique des ministres, reconnaît leur responsabilité pénale. Les ministres peuvent être déférés par la Chambre basse (*Odelsthing*) à la Haute-Cour (*Rigsret*), laquelle est composée des membres de la Chambre haute (*Lagthing*) réunis à ceux de la Cour suprême. Cette Haute-Cour juge les ministres, non seulement pour les actes délictueux qu'ils ont commis, mais encore pour les omissions graves qui leur sont imputées, c'est-à-dire pour les conseils que, dans l'intérêt de l'Etat, ils auraient dû donner et n'ont pas donnés. En 1884, des ministres norvégiens, traduits ainsi devant la Haute-Cour, ont été jugés et condamnés par elle (1).

En Russie, une Haute-Cour criminelle connaît des complots contre le pouvoir souverain, la forme du Gouvernement et l'ordre de succession au trône. C'est elle qui jugerait le ministre accusé de l'un de ces crimes.

En Italie, la Chambre des députés met les ministres en accusation, et c'est le Sénat, constitué en Haute-Cour de justice, qui les juge.

De même, en Espagne, la Chambre des députés accuse les ministres, qui sont jugés par le Sénat. Le Tribunal suprême, siégeant à Madrid, connaît des délits des ministres qui échappent à la juridiction du Sénat.

En Portugal, d'après la Constitution de 1826, la Chambre des députés met les ministres en accusation devant la Chambre des pairs constituée en Haute-Cour de justice pour les crimes

(1) *Bulletin de la Société de législation comparée*, 1884.

et délits suivants : trahison, corruption, subornation, concussion, abus de pouvoir, défaut d'observation de la loi, entreprise contre la liberté, la sécurité ou la propriété des citoyens, dissipation de deniers publics.

En Grèce, la Chambre unique accuse les ministres devant une Cour de justice spéciale, présidée par le président du Tribunal suprême (*Aréopage*).

Dans l'Autriche-Hongrie, les Délégations ont le droit de poursuivre le Ministère commun devant une Cour spéciale dont les membres sont désignés par elles.

En Hongrie, la Chambre basse a le droit de mettre les ministres en accusation pour tout acte portant atteinte à l'indépendance du pays, aux garanties de la Constitution, aux dispositions des lois existantes, à la liberté individuelle, à l'inviolabilité de la propriété, pour tout détournement ou emploi inconstitutionnel de fonds ou autres valeurs, pour toute négligence dans l'exécution des lois, le maintien de la paix et de la sûreté publique. Les ministres sont jugés par un tribunal spécial composé de 36 membres pris dans la Chambre haute. Les Ministères hongrois de 1878 et de 1885 furent accusés d'avoir prorogé illégalement la Chambre, et d'avoir, sans le consentement des Chambres, envoyé des troupes dans un pays voisin ; mais ces accusations n'aboutirent pas.

En Autriche, les ministres sont mis en accusation par les deux Chambres et jugés par la Haute-Cour.

En Bavière, d'après les lois du 4 juin 1848 et du 30 mars 1850 sur la responsabilité ministérielle, les ministres sont jugés par une Cour de justice spéciale, appelée Cour d'Etat.

En Saxe, les deux Chambres peuvent accuser les ministres qui sont jugés par la Cour d'Etat.

Dans le Wurtemberg, c'est une Cour d'Etat (*Staatsgerichshof*) qui connaît des entreprises ayant pour but le renversement ou la violation de la Constitution.

En Prusse, l'une des Chambres peut accuser les ministres de trahison, de concussion, d'infraction à la Constitution. Le Tribunal suprême les juge.

En Suisse, le Président de la Confédération et les ministres peuvent être mis en accusation par le Conseil des Etats et le Conseil national. Il n'est donné suite à l'accusation que lorsque les deux Chambres sont d'accord sur ce point. Dans ce cas, c'est le Tribunal fédéral, siégeant à Lausanne, qui juge les inculpés (1).

Si, de l'Europe nous passons à l'Amérique, nous voyons qu'aux Etats-Unis la Constitution déclare que « tous les fonctionnaires civils, y compris le Président et le Vice-Président, seront destitués de leurs fonctions si, à la suite d'une mise en accusation (*impeachment*), ils sont convaincus de trahison, concussion et autres grands crimes ». C'est, en pareil cas, le Sénat qui juge le Président, le Vice-Président et les ministres. Le Président Johnson a été

(1) Loi du 9 décembre 1851.

ainsi jugé, en 1868, et le général Belknap, secrétaire d'Etat à la Guerre, a été poursuivi pour malversation.

Au Mexique, les ministres sont responsables en cas d'attentat contre la forme du Gouvernement républicain fédéral, d'atteinte à la liberté du suffrage, d'usurpation d'attributions, de violation des garanties individuelles, d'infractions graves à la Constitution et aux lois fédérales.

Au Pérou, une Cour suprême connaît des responsabilités criminelles du Président et des ministres; mais les membres de cette Cour sont eux-mêmes responsables devant un tribunal spécial.

CHAPITRE PREMIER

LES CAHIERS DE 1789 ET LA CONSTITUTION DE 1791

Il y a deux sortes de responsabilités pour les ministres : la *responsabilité politique* et la *responsabilité pénale* ou *criminelle*. — Quelques cas de responsabilité dans l'ancienne monarchie. — Les États-Généraux de 1356. — La condamnation de la mémoire du maréchal d'Ancre. — Le décret de prise de corps contre Mazarin. — Les Cahiers de 1789. — L'Assemblée constituante. — Maximilien Robespierre demande la formation d'une Haute-Cour nationale. — Discussion du projet de décret relatif à la Haute-Cour nationale. — Séance du 25 octobre 1790. — Discours de Robespierre. — Réponse de l'abbé Maury. — Adoption du projet de décret. — Etablissement d'un tribunal provisoire à Orléans. — Décret relatif à l'organisation du Ministère et à la responsabilité des ministres. — La Constitution de 1791. — Le Code pénal. — Les quatre grands-juges et les procurateurs. — Le rapport de Hérault-Séchelles à l'Assemblée législative sur la responsabilité des ministres (22 février 1792). — Discours de M. de Vaublanc. — Décret du 25 mars 1792. — Décret du 23 juillet 1792 relatif à la responsabilité solidaire des ministres. — Les premières mesures de salut public.

Dans tous les pays libres, les ministres sont responsables de leurs actes. C'est un principe aussi ancien que le Gouvernement représentatif lui-même. Mais la responsabilité des ministres doit être envisagée sous deux aspects différents. Il y a la responsabilité générale, qui pèse sur le ministre dès son entrée en fonction et qui ne cesse que lorsqu'il abandonne son portefeuille. Cette responsabilité, qui, pour ainsi dire, s'attache à tous les pas du Gouvernement, est, selon la juste expression d'un garde des sceaux de la Restauration, M. Pasquier, « la garantie la plus puissante et la plus efficace contre les erreurs et les excès de pouvoir ». On l'appelle *la responsabilité politique*; elle est rebelle à toute règle, et sa sanction consiste uniquement, pour le ministre ou les ministres qui l'ont encourue, dans la perte du pouvoir.

A côté de la responsabilité politique, les ministres peuvent encourir une autre responsabilité, d'une application beaucoup moins fréquente, mais qui est cependant nécessaire dans tout État bien organisé : nous voulons parler de *la responsabilité pénale* ou *criminelle*. Cette distinction est familière aujourd'hui à tous ceux qui s'occupent de droit public; mais autrefois, aussi bien en Angleterre, ce pays classique de la liberté parlementaire, qu'en France, on ne faisait guère de différence entre les deux responsabilités, et on les confondait le plus souvent aussi bien dans la théorie que dans la pratique.

L'histoire de l'ancienne Monarchie française nous montre que la responsabilité générale des ministres était admise par nos ancêtres. Sans doute le rapporteur du projet de loi de 1819, M. Courvoisier, commettait une erreur historique lorsque, remontant à ces temps reculés, il prétendait y découvrir l'existence des deux grands principes constitutionnels : l'irresponsabilité du chef de l'État et la responsabilité de ses ministres. Il n'est pas moins vrai que, dès 1356, on voit les ministres du roi Jean accusés devant les États-Généraux (1) « comme monopoleurs et traîtres », et que plus tard, une ordonnance de Charles V établit la peine de la prévarication contre le ministre qui conseillerait au roi de passer des Lettres contraires aux règlements ; défense est faite, sous la même peine, au chancelier de sceller de pareilles Lettres.

On peut citer encore, en 1617, la condamnation de la mémoire du maréchal d'Ancre par le Parlement de Paris ; en 1649, le décret de prise de corps contre Mazarin (2), duquel le fameux Talon disait trois ans après : « Toute mesure est permise envers Mazarin, mais tout respect est dû au roi. » Arrive Louis XIV ; le grand roi s'empresse de faire enregistrer en Lit de justice un édit portant interdiction de toute procédure contre les ministres.

Nous avons dit qu'il y a deux sortes de responsabilités pour les ministres : la responsablité politique — que M. Rossi (3) appelle la responsabilité « morale et politique » — et la responsabilité criminelle. Celle-ci d'ailleurs est bien distincte de

(1) Les commissaires des États-Généraux, envoyés au régent, lui dirent « ..... que le royaume avait été mal gouverné au temps passé, et tout avait été par ceux qui l'avaient gouverné et conseillé .. Si requièrent qu'il voulût priver tous les officiers du roi, qu'ils fussent privés de leurs offices, et qu'il les fît prendre et emprisonner » (*Recueil des Etats-Généraux*, Buisson, 1789, t. VIII). M. F. Mérilhou, le savant auteur des *Parlements de France*, ajoute que, au nombre des fonctionnaires désignés, se trouvaient le chancelier Pierre de la Forêt, Simon de Bussy, premier président du Parlement, avec d'autres membres du Parlement et de la Chambre des comptes. (p. 112-113.) Voir encore, H. Hervieu, *Les premiers Etats-Généraux* ; — Georges Picot, *Histoire des Etats-Généraux* ; Paris, 1873, 5 vol. in-16, t. I, p. 48-49.

(2) « A l'unanimité moins une voix, le Parlement déclara le cardinal Mazarin auteur notoire des désordres présents, perturbateur du repos public, ennemi du roi et de l'Etat, lui enjoignit de quitter la cour sous vingt-quatre heures et le royaume sous huitaine, et, passé ce terme, enjoignit à tous les sujets du roi de lui courre sus. Le premier président Molé lui-même signa, sans protestation, cet arrêt inouï (8 janvier) (*Journal du Parlement*, p. 113.) — (Henri Martin, *Histoire de France*, t. XIV, p. 201.)

(3) *Cours de droit constitutionnel*, t. IV, p. 381.

la responsabilité que les hommes investis des fonctions de ministre encourent lorsqu'ils commettent des crimes ou des délits ordinaires, tels que le meurtre, le vol ou le rapt. Le droit commun étend son empire sur les ministres comme sur les simples citoyens (1). La *responsabilité criminelle* des ministres devrait donc être appelée *responsabilité criminelle et politique*, puisqu'elle ne vise que les actes qu'ils accomplissent comme ministres.

Cette responsabilité, qui depuis si longtemps figurait dans la Constitution anglaise, et que les Anglais avaient si fréquemment appliquée dans le cours des XVIIe et XVIIIe siècles, fut réclamée en France par les électeurs de 1789. On la trouve mentionnée, en termes très explicites, dans plusieurs *cahiers*, tant de la noblesse que du tiers-état. Ainsi, la noblesse des sénéchaussées réunies d'Armagnac et de l'Isle-Jourdain demande « que tous les ministres, excepté celui des affaires étrangères, soient tenus de rendre chaque année un compte public des sommes qui auront été versées dans les caisses de leurs départements, trois mois au plus après leur retraite, et que tous soient déclarés responsables envers la nation des déprédations dans les finances, ainsi que des atteintes portées aux droits tant nationaux que des particuliers, et les infractions justiciables du tribunal qui sera indiqué par les Etats-Généraux ».

Des vœux analogues ont été émis dans beaucoup d'autres cahiers (2). « Les Etats-Généraux, disent

(1) Benjamin Constant, *Œuvres politiques*, Paris, 1874, 1 vol. in-12, deuxième partie, I, *De la responsabilité des ministres*, p. 96.
(2) Voir les *Cahiers des Etats-Généraux*, tome II, p. 69.

le tiers-état de Toulon, de Nantes, etc., et la noblesse d'Evreux, devront pourvoir aux moyens de juger et de punir tous les représentants du souverain, sans exception, qui auront abusé de leur pouvoir, et tous juges, supérieurs ou subalternes, pour déni de justice, acception de personnes, sollicitations recueillies et autres abus de ce genre (1) ». A Montfort-l'Amaury et à Dreules, les trois ordres disent que quiconque « ministre, officier, soldat, exempt, recors ou autre, de quelque état qu'il soit, exécutera ou favorisera l'exécution d'un mandat d'arrêt non émané des juges ordinaires, même quand il serait signé de la main du roi, doit être frappé de la peine corporelle la plus sévère (la peine de mort selon les cahiers de Marseille, Villers-Cotterets, etc.), et ladite peine ne sera prescrite par aucun laps de temps; le roi n'en pourra jamais accorder ni grâce, ni rémission, ni commutation ». Non seulement, ajoute le tiers-état de Paris, toutes personnes qui auraient « sollicité, contre-signé, accordé ou exécuté » des lettres et arrêts extrajudiciaires, suivis d'arrestations et de violations de domicile, mériteront « d'être poursuivies extraordinairement et punies de peine corporelle », mais encore elles deviendront passibles de « dommages et intérêts, pour lesquels elles seront solidaires envers les parties ». La noblesse d'Evreux conclut sur ce point : « Nous chargeons expressément nos députés, dit-elle, de déclarer à la face de la nation que nous entendons provoquer sur la tête de l'exécuteur de tout ordre arbi-

(1) Ch.-L. Chassin, *Le Génie de la Révolution*, Paris, 1863-1865, 2 vol. in-8, *Les cahiers de 1789*, tome II, p. 47.

traire l'anathème de l'opinion publique; que, s'il est gentilhomme, la noblesse le rejette de son sein, et notre vœu le plus ardent est, qu'ayant cessé d'être citoyen, il soit privé du droit d'assister aux Assemblées nationales, dans quelque Ordre qu'il se trouve classé (1). »

Dans ces protestations si éloquentes en faveur de la liberté individuelle; dans cette énergique réprobation des actes illégaux, on retrouve comme un écho de la philosophie du grand XVIIIe siècle, qui, d'après Hegel, doit être considéré comme « l'ère fondamentale de la pensée humaine ». Ainsi, le principe de la responsabilité criminelle des ministres a été proclamé par les électeurs de 1789 dès l'aurore des temps nouveaux. L'Assemblée constituante ne manqua pas de faire passer ce principe dans nos lois. C'est Maximilien Robespierre qui demanda la formation d'une Haute-Cour nationale. Le 25 octobre 1790, il prit la parole pour discuter le plan, proposé par Chapelier, d'après lequel cette Haute-Cour devait être instituée. Il éleva tout de suite le débat à une grande hauteur. « Il commença, dit son historien, M. Ernest Hamel, par définir, très exactement les crimes de lèse-nation, par établir nettement la différence existant entre ces sortes d'attentats et ceux commis contre les particuliers. Il y avait, selon lui, deux manières d'attenter à la sûreté et à la vie d'une nation, parce que toute nation possédait une existence physique, comme collection d'hommes, et une existence morale comme corps politique. Attenter à la liberté du peuple, c'est-à-dire aux lois constitutionnelles

(1) Ch.-L. Chassin, *Les cahiers de 1789*, tome II, p. 48.

qui lui assurent l'exercice et la conservation de ses droits, était, à ses yeux, un véritable parricide, analogue à l'immolation d'un citoyen par le fer ou par le feu; car, disait-il, « dès que la liberté est anéantie, le corps politique est dissous; il n'y a plus ni nation, ni magistrats, ni roi; il ne reste qu'un maître et des esclaves »... C'était des hommes revêtus de la puissance publique que, en tout temps, il redoutait des attaques plus ou moins ouvertes contre la liberté du peuple. « S'il existe dans l'Etat une magistrature qui donne un pouvoir immense », poursuivait-il, « de grands moyens de force et de séductions, c'est celle-là qui menacera les autres pouvoirs et la liberté publique; c'est contre elle que le législateur doit prendre les plus grandes précautions; c'est contre elle principalement que le tribunal de lèse-nation doit être établi (1). »

Il faut lire, dans le consciencieux ouvrage de M. Ernest Hamel, le résumé de ce discours, que le *Moniteur* du 26 octobre 1790 donne tronqué, et que le *Point du jour* (n°s 473 et 474), reproduit à peu près complètement. L'abbé Maury prit la parole pour répondre à Robespierre, et, après s'être élevé contre plusieurs dispositions du projet de Chapelier, il se plaignit de voir le tribunal créé avant les lois qu'il devait appliquer (2). Le débat fut ajourné. Le 8 février 1791, Chapelier présenta un rapport plus complet. Après avoir entendu les observations de Malouet, de Robespierre, de

(1) Ernest Hamel, *Histoire de Robespierre*, Paris, 1865-1867, 3 vol. grand in-8, tome I, *La Constituante*, p. 324.
(2) *Moniteur* du 26 octobre 1790, n° 299.

d'André, de Chapelier, de Foucault, de Fréteau, de Prieur, de Brillat-Savarin et de Barnave, l'Assemblée adopta le projet de décret. Le décret relatif à la formation de la Haute-Cour nationale porte la date du 10-15 mai 1791 (1). Le 5 mars 1791, l'Assemblée décida qu'un tribunal provisoire serait établi à Orléans pour juger en dernier ressort les crimes de lèse-nation. La discussion des projets relatifs à l'organisation du Ministère et à la responsabilité ministérielle eut lieu aux mois de mars et d'avril 1791, et le décret relatif à cette organisation fut rendu le 27 avril. On remarquera que, bien que la Constitution eût réservé au roi seul le choix et la révocation des ministres, ceux-ci, néanmoins, étaient, dans une certaine mesure, responsables au point de vue politique devant l'Assemblée. En effet, la loi du 27 avril 1791 relative à l'organisation du Ministère contenait les deux dispositions suivantes :

« Art. 27. Les ministres seront tenus de rendre compte, en ce qui concerne l'administration, tant de leur *conduite* que de l'état des dépenses et affaires, toutes les fois qu'ils en seront requis par le corps législatif.

« Art. 28. Le corps législatif pourra présenter au roi telles observations qu'il jugera convenables sur la conduite des ministres, et même *lui déclarer qu'ils ont perdu la confiance de la nation.* »

Conformément aux décrets que nous venons de mentionner, la Constitution du 3-14 septembre 1791 admet la responsabilité criminelle des ministres, et cette responsabilité a été inscrite dans

(1) *Moniteur* du 9 février 1791, n° 40.

toutes les Constitutions ou Chartes qui se sont succédé en France, notamment dans les lois constitutionnelles de 1875 qui nous régissent aujourd'hui.

Voici la *disposition* de la Constitution du 3-14 septembre 1791 :

« Titre III, chapitre II, section IV, *Des Ministres*, art. 5. — Les ministres sont responsables de tous les délits par eux commis contre la sûreté nationale et la Constitution ; de tout attentat à la propriété et à la liberté individuelle ; de toute dissipation des deniers destinés aux dépenses de leur département (1). — Art. 6. — En aucun cas, l'ordre du roi, verbal ou par écrit, ne peut soustraire un ministre à la responsabilité. »

Le droit de mettre en accusation les ministres pour faits de leur administration fut réservé par la Constitution à l'Assemblée nationale. L'accusation devait être portée devant une Haute-Cour nationale, composée de membres du Tribunal de cassation et de hauts jurés. La Constitution ne déterminait point d'ailleurs les peines que pouvait prononcer la Haute-Cour.

Voici ces textes :

« Titre III, chapitre II, section IV, *Des ministres*, art. 8. — Aucun ministre en place, ou hors de

(1) Voir le décret du 27 avril-25 mai 1791, sur l'organisation et les attributions de chaque Ministère, art. 24 à 33, et notamment l'art. 24 relatif à la nécessité du contre-seing ministériel pour les actes du roi. — Voir également le décret du 23 juillet 1792, concernant la responsabilité solidaire des ministres ; les art. 13, 54 et suivants de la Charte de 1814 ; les art. 38 et suivants de l'acte additionnel du 22-23 avril 1815 ; les art. 12, 46, 47 et 69 n° 2 de la Charte de 1830 ; les art. 68, 91, 92 et 98 de la Constitution du 4 novembre 1848 ; les art. 13, 54 et 55 de la Constitution du 14 janvier 1852, et l'art. 19 du sénatus-consulte du 22-23 avril 1870 ; enfin, les art. 6 de la loi constitutionnelle du 25 février 1875, 9 de la loi constitutionnelle du 24 février 1875 et 12 de la loi constitutionnelle du 16 juillet 1875.

1

place, ne peut être poursuivi en matière criminelle, pour fait de son administration, sans un décret du corps législatif.

« Titre III, chapitre V, *Du pouvoir judiciaire*, art. 23. — Une Haute-Cour nationale, formée des membres du Tribunal de cassation et de hauts jurés, connaîtra des délits des ministres et agents principaux du pouvoir exécutif, et des crimes qui attaqueront la sûreté générale de l'Etat, lorsque le corps législatif aura rendu un décret d'accusation. — Elle ne se rassemblera que sur la proclamation du corps législatif, et à une distance de trente mille toises au moins du lieu où la législature tiendra ses séances. »

Ainsi que nous l'avons dit, la Constitution ne déterminait pas les peines que pouvait prononcer la Haute-Cour. Cette lacune fut en partie comblée par le Code pénal du 25 septembre 1791, deuxième partie, dont le titre premier, intitulé : *Crimes et attentats contre la chose publique*, réprimait les crimes contre la sûreté extérieure de l'Etat, les crimes contre la sûreté intérieure de l'Etat, les crimes et attentats contre la Constitution, et visait nominativement les ministres en plusieurs de ses articles (1).

Le 22 novembre 1791, en exécution du décret portant établissement du tribunal provisoire d'Orléans, l'Assemblée législative tira au sort, en présence des commissaires du roi, les quatre grands

(1) Voir, notamment, section Ire, *Des crimes contre la sûreté extérieure de l'Etat*, art. 2; section III, *Crimes et attentats contre la Constitution*, art. 3, 5, 9, 10, 12, 13, 14, 17, 18, 19, 20, 22, 24, 25; section V, *Crimes des fonctionnaires publics dans l'exercice des pouvoirs qui leur sont confiés*, art. 1, 2, 3, 5, 11, 12, 14, 15. Les peines mentionnées aux articles ci-dessus sont : la dégradation civique, la détention, la gêne, les fers, la mort.

juges. Les noms de Creuzé-Latouche, de Marquis, d'Albaret et de Caillemer sortirent de l'urne. Le 23, Garan-Coulon et Pellicot furent élus procurateurs.

Après un débat, du commencement de janvier, dont la conclusion fut d'ailleurs ajournée (1), sur la question de savoir si, de même que les décrets d'accusation, les décrets relatifs à la composition de la Haute-Cour nationale seraient ou non valables sans sanction, Hérault-Séchelles présenta, le 22 février 1792, au nom du Comité de législation, un important rapport sur la responsabilité des ministres (2). Hérault-Séchelles commença par rappeler que, depuis l'ouverture de la session, les dénonciations et les pétitions sur les négligences et le mauvais vouloir des ministres ne cessaient d'arriver à l'Assemblée législative. Il établit ensuite que le principal motif qui avait porté l'Assemblée à réclamer de son Comité de législation un rapport sur le mode d'exercer la responsabilité des ministres était « la négligence, la funeste inertie que l'on reprochait au pouvoir exécutif ». Il ajoutait : « Si, par la responsabilité d'un ministre, on n'entendait que ses prévarications directes et manifestes, il est évident qu'elle ne serait qu'un faible garant pour la liberté publique. Rarement, dans les premières places, l'homme le plus corrompu aura-t-il la maladresse de commettre de telles prévarications. C'est aux actions coupables, mais dont

(1) Décret du 9 janvier 1792 qui ajourne la discussion sur la sanction ou non-sanction des décrets relatifs à l'organisation de la Haute-Cour nationale, et enjoint au Ministre de la Justice de rendre compte des mesures prises pour la mettre en activité.

(2) Voir le *Moniteur* des 23 et 24 février 1792, n°s 54 et 55.

la preuve rigoureuse est presque impossible, qu'il saura se réduire. Il perdra la chose publique par un abandon qui ne paraîtra qu'un défaut d'activité, par de fausses mesures qu'il pourra donner pour de simples erreurs, par des fautes dont son incapacité sera l'excuse. Il causera de grands maux par une foule de petites transgressions presque imperceptibles, et il faudra l'absoudre, ou manquer aux règles de la justice. »

Le rapporteur, faisait observer ensuite qu'il était difficile, pour ne pas dire impossible, de donner une définition exacte de la responsabilité. Les cas de responsabilité positive étaient prévus par la Constitution et punis par le Code pénal. Mais aucune main n'avait encore tracé les cas négatifs. « Les délits d'inexécution, ajoutait-il, sont cependant les plus redoutables; car, en même temps que la négligence est plus dans la nature de l'homme qu'une scélératesse audacieuse, personne n'ignore qu'un pouvoir exécutif qui voudrait perdre la patrie, n'aurait besoin que d'être négligent pour être sûr d'y réussir. » Mais, s'il était à la fois inutile, dangereux et impossible de faire le dénombrement des cas d'inexécution, « au moins il n'était pas impossible et il était nécessaire d'avoir une mesure commune au moyen de laquelle l'inexécution elle-même serait généralement et efficacement réprimée ». Dès lors il convenait d'examiner de quelle manière et par quelle action le corps législatif devait exercer la responsabilité des ministres.

Hérault-Séchelles, après avoir reproduit et expliqué les dispositions de la Constitution et celles de la loi sur la formation de la Haute-Cour nationale, concluait que l'Assemblée pouvait poursuivre les délits comme les crimes par un décret d'accusation. En effet, d'après cette loi, « la responsabilité des délits est toujours une responsabilité criminelle ». Mais, dira-t-on, les ministres seront ainsi sans cesse exposés à des décrets d'accusation. Le rapporteur répondait à cette objection : « ... Il n'est pas à craindre que le corps législatif décrète un ministre légèrement, et pour une faute ou une négligence qui n'aurait pas un certain caractère de gravité. L'appareil de la publicité, les arrêts sévères de l'opinion, la faveur que tout accusé quel qu'il soit finit toujours par obtenir; enfin, ce que j'aurais dû rappeler avant tout, la conscience d'une Assemblée d'hommes libres, sur qui tous les sentiments équitables ne peuvent pas cesser de prédominer, et où il se lève toujours quelque généreux ami de l'humanité;... ne sont-ce pas là de suffisantes barrières, des garants infaillibles que les représentants de la nation ne hasarderont, en aucune circonstance, une accusation qui serait dépourvue de fondement? »

Il restait à savoir comment prononcerait la Haute-Cour, saisie par l'accusation d'un délit ministériel, mais réduite à l'impossibilité d'emprunter au Code pénal les châtiments qui ne sont réservés qu'à des crimes. « Les ministres, ajoutait le rapporteur, sont responsables de tous les délits par eux commis contre la sûreté nationale et la Constitution : or, la négligence, la lenteur, les fausses mesures ne peuvent-elles pas être placées par un décret au rang des délits contre la sûreté publique? L'Assemblée nationale n'a pas même besoin de le déclarer : alors le haut-jury déciderait si, par cette conduite négative, la sûreté a été compromise, et s'il prononçait affirmativement, le ministre serait puni. Craignez-vous qu'il n'y ait une rigueur trop grande? Redoutez-vous jusqu'à l'ombre de l'injustice? Eh bien! établissez pour ce genre de délits la peine la plus douce: qu'elle ne puisse aller au delà des privations des fonctions dont le ministre était revêtu; car enfin, si l'on ne punit point son délit comme un crime, il ne s'en suit pas qu'on ne puisse le juger; puisqu'il en résulte la preuve de l'inaptitude aux fonctions publiques, l'exclusion de ces fonctions doit être prononcée. Votre comité pense que l'on ne peut pas statuer moins, ni même autrement : il est incontestable que toute négligence grave est une forfaiture, et la conséquence nécessaire de toute forfaiture; c'est la destitution de l'agent convaincu. On ne peut s'empêcher d'appliquer ici aux ministres, par une analogie nécessaire, ce que la Constitution porte à l'égard des juges, lorsqu'elle déclare que ceux-ci seront *destitués pour forfaiture dûment jugée* : alors vous resterez peut-être en deçà de la justice, mais vous serez sûrs de n'avoir point été au delà. La responsabilité sera douce, mais elle sera réelle. Quelques trahisons seront peut-être impunies, mais votre vigilance en aura prévenu les suites. L'homme assez adroit pour ne pas se rendre coupable de crimes capitaux, pour cacher ses délits sous les défauts de son caractère ou sous des formes qu'il faut respecter, pourra échapper à la vengeance des lois, mais il sera arrêté au milieu de ses projets... »

En terminant, Hérault-Séchelles présentait un

aperçu général de l'organisation de la responsabilité dans les diverses branches du pouvoir exécutif : celle des corps administratifs, celle des ministres, enfin celle du roi. Voici ce qu'il disait de la responsabilité des ministres :

« La seconde responsabilité est celle des ministres, en leur qualité d'agents supérieurs du pouvoir exécutif; ils seront traduits devant le pouvoir judiciaire. Les tribunaux ordinaires connaîtront de leur responsabilité civile d'après une simple action; mais à l'égard de leur responsabilité criminelle, la Haute-Cour nationale prononcera seule sur leurs crimes et sur leurs délits, en vertu d'un décret d'accusation.

« Les crimes seront jugés d'après le Code pénal : les délits n'étant pas tous criminels seront soumis conséquemment, suivant l'exigence des cas, à des applications du Code pénal; et, par la raison que le moins est contenu dans le plus, par la raison d'analogie que les juges sont destitués pour forfaiture, suivant la Constitution, il est évident que la moindre peine que la Haute-Cour infligera aux ministres pourra être celle de la forfaiture. Dans d'autres circonstances qui ne donneront pas lieu au décret d'accusation, le corps législatif pourra présenter au roi des observations, et même lui déclarer que les ministres ont perdu la confiance de la nation. Enfin, ce qui est moindre encore, et n'est que de simple précaution, le corps législatif pourra mander les ministres, et les requérir de donner sur leur conduite tous les éclaircissements nécessaires. » Ces dernières lignes, on le remarquera, établissent une confusion évidente entre la responsabilité criminelle et la responsabilité politique.

L'Assemblée, sous le régime de la Constitution de 1791, ne pouvait, comme nous l'avons vu, mettre en mouvement la responsabilité politique que dans certains cas et d'une manière indirecte. Hérault-Séchelles ajoutait qu'en ce qui concernait la responsabilité criminelle des ministres, la Constitution, la loi sur le Ministère et le Code pénal avaient tout prévu, tout déterminé, ce qui dispensait l'Assemblée du besoin d'imaginer d'autres moyens. En conséquence, il proposait de terminer le débat par une question préalable ainsi motivée : « L'Assemblée nationale, considérant que la Constitution a établi le mode d'exercer la responsabilité des ministres en déléguant au corps législatif le pouvoir et la fonction de poursuivre cette responsabilité devant la Haute-Cour nationale, qui connaîtra des délits des ministres, et des crimes qui attaqueront la sûreté de l'Etat lorsque le corps législatif aura rendu un décret d'accusation, décrète qu'il n'y a pas lieu à délibérer. »

Ces conclusions furent accueillies, dit le *Moniteur*, par de vifs applaudissements. Après la lecture de ce rapport, M. de Vaublanc prononça un discours qu'il termina par la proposition de charger une Commission de douze membres d'examiner, avec les délits des Administrations inférieures, les dénonciations portées contre les ministres. L'Assemblée se borna à ordonner l'impression du discours de M. de Vaublanc.

Pour terminer cet exposé de la législation concernant les ministres, il convient de mentionner le décret du 25 mars 1792, qui dispose que les ministres quittant le Ministère sont tenus de rendre leur compte de gestion dans la quinzaine de leur sortie, ainsi qu'un décret du 10 mars de la même année, qui défend aux ministres démissionnaires de sortir de Paris avant d'avoir rendu leurs comptes. Citons encore le décret du 23 juillet 1792, relatif à la responsabilité solidaire des ministres. Voici les motifs et le dispositif de ce décret :

« L'Assemblée nationale, considérant que le plus sacré de ses devoirs est de déployer tous les moyens que la Constitution met à sa disposition, pour prévenir et faire promptement cesser le danger de la patrie ; considérant que rien ne peut contribuer plus efficacement à remplir cet objet important que de donner à la responsabilité des ministres toute la latitude que le salut de l'Etat exige dans de telles circonstances,

« Décrète que, quand le corps législatif a proclamé, dans les formes prescrites par le décret du 5 de ce mois, que la patrie est en danger, indépendamment des cas où la responsabilité peut être exercée contre les agents du pouvoir exécutif, tous les ministres sont solidairement responsables, soit des actes délibérés au Conseil, relatifs à la sûreté intérieure et extérieure de l'Etat, qui auraient occasionné le danger, soit de la négligence des mesures qui auraient dû être prises pour le prévenir ou en arrêter les progrès ; — laquelle responsabilité solidaire aura lieu également entre tous les ministres après la proclamation du danger, et tant qu'elle ne sera pas révoquée. »

C'est ainsi que l'Assemblée législative préludait aux mesures de salut public, qui furent prises après le 10 Août, et qui permirent de repousser l'invasion étrangère

CHAPITRE II

LES MINISTRES DE LOUIS XVI

Accusations pour motifs autres que l'exercice du pouvoir ministériel. — Barentin. — Guignard de Saint-Priest. — Loménie de Brienne. — La Tour du Pin Gouvernet. — Lambert. — Claret de Fleurieu. — Duranthon. — Accusations contre onze ministres de Louis XVI pour l'exercice du pouvoir ministériel. — I. Duport du Tertre. — Acte du corps législatif contenant accusation contre les sieurs Duportail, Duport, Tarbé, Bertrand, Barnave et Alexandre Lameth. — II. De Joly. — III. Montmorin, — Le rapport de Menou. — L'Assemblée ne reçoit point de billets. — Le passeport de la reine. — L'œuvre de désorganisation des ministres. — Discours de Gensonné et de Brissot. — Décret d'accusation contre Montmorin. — IV. De Lessart de Valdec. — Le discours de Brissot, du 10 mars 1792. — Acte d'accusation contre de Lessart. — V. Duportail. — VI. Narbonne. — La dénonciation de Dubois-Crancé et du prince de Hesse. — Le rapport de Fauchet. — Narbonne à la barre de l'Assemblée. — Décret du 2 avril 1792 portant qu'il n'y a pas lieu à accusation. — Décret d'accusation du 28 août 1792. — VII. De Grave. — VIII. Lajard. — IX. d'Abancourt. — X. Tarbé. — XI. Bertrand de Molleville. — Un passage de ses *Mémoires*. — La tactique du Ministre de la Marine. — Son hostilité à l'égard de Narbonne. — Sa lettre au *Moniteur*. — Dénonciation du conseil général du Finistère. — Les deux rapports de Cavellier. — Discours de Grangeneuve. — Louis XVI écrit à l'Assemblée qu'il conserve sa confiance au Ministre de la Marine. — Discours de Guadet, de Brissot, et de Vergniaud. — Bertrand de Molleville rend ses comptes. — Décret d'accusation du 15 août 1792. — Les accusations contre Clavière, Le Brun et Danton. — Elles ont pour motifs, non pas l'exercice de l'autorité ministé-

rielle, mais des conjurations tendant au renversement du Gouvernement.

Sous le régime de la Constitution de 1791, c'est-à-dire pendant la période qui s'est écoulée du 14 septembre 1791 au 21 septembre 1792, des accusations ont été portées par l'Assemblée nationale contre plusieurs ministres de Louis XVI. Nous exposerons les motifs de celles qui visaient les ministres poursuivis pour faits relatifs à leurs fonctions. Mais, auparavant, nous devons dire un mot des accusations dirigées contre sept ministres, soit pendant l'Assemblée constituante, soit postérieurement, et même pendant la Convention nationale, pour motifs autres que l'exercice du pouvoir ministériel.

1. — Le garde des sceaux Barentin, qui donna sa démission le 3 août 1789, fut poursuivi, avec le prince de Lambesc, Besenval, de Puységur et d'Autichamp, comme ayant pris part à la conspiration royaliste qui avait amené les journées d'octobre 1789. Jugé par contumace, il fut acquitté par le Châtelet, le 1er mars 1790.

2. — De même, Guignard de Saint-Priest, Ministre de l'Intérieur jusqu'au 24 décembre 1790, fut dénoncé au Châtelet par le Comité des recherches de la Commune de Paris, comme ayant pris part aux intrigues contre-révolutionnaires de Bonne-Savardin et de Maillebois. Il adressa un mémoire justificatif à l'Assemblée, le 5 août 1790, et fut acquitté par le Châtelet, après une plaidoirie de de Sèze (1).

(1) Il n'est pas sans intérêt de remarquer que, le 25 octobre 1790, le jour même où avait commencé à l'Assemblée la discussion relative à la Haute-Cour nationale, comme l'abbé Maury réclamait l'ajournement en soutenant qu'il était nécessaire d'organiser le jury dans les tribunaux ordinaires avant de rien décider pour la Haute-Cour, Maximilien Robes-

3. — Loménie de Brienne, frère du cardinal de ce nom, avait été remplacé le 4 août 1789 comme Ministre de la Guerre, et avait exercé ensuite les fonctions de maire de Brienne. Il fut arrêté, du temps de la Convention, sous l'inculpation de complot et de conspiration royaliste, traduit devant le Tribunal révolutionnaire, condamné à mort, le 21 floréal an II, (10 mai 1794), en même temps que quatre autres membres de sa famille, et Mme Elisabeth, sœur de Louis XVI, et exécuté avec eux (1).

4. — La Tour du Pin Gouvernet, Ministre de la Guerre du 4 août au 8 novembre 1789, émigra en Angleterre, puis revint en France au moment du procès du roi, pour essayer de couvrir Louis XVI de sa responsabilité de ministre constitutionnel. Il fut arrêté, le 31 août 1793, à Auteuil, où il vivait, emprisonné, condamné à mort, le 9 floréal an II (28 avril 1794), « comme auteur ou complice

pierre s'écria : « Vous avez une disposition plus pressante, plus importante à prendre en ce moment ; il existe un tribunal inconstitutionnel et frappé de la haine de tous les bons citoyens ; vous ne pouvez le laisser subsister ; je demande que sur-le-champ il soit supprimé. » De nombreuses acclamations s'élevèrent dans la salle, tant était grande l'impopularité du Châtelet. Chapelier reconnut qu'il était impossible de conserver le Châtelet, mais il fit observer qu'on devait lui laisser la connaissance des affaires civiles et des délits ordinaires jusqu'à la formation d'un tribunal provisoire ; Robespierre s'étant rallié à cet amendement, l'Assemblée, dit le *Point du Jour*, adopta le décret suivant : « L'Assemblée nationale décrète que l'attribution donnée au Châtelet de juger les crimes de lèse-nation est révoquée, et dès ce moment toutes procédures faites à cet égard par ce tribunal sont et demeurent suspendues. » (Voir le *Moniteur* du 27 octobre 1790, n° 300, et le *Point du Jour*, n° 472). « Ainsi tomba, dit M. Ernest Hamel, sur la proposition de Robespierre, et aux applaudissements de tous les amis de la Révolution, cet odieux Châtelet dont les juges, vendus à la cour, hostiles aux nouveaux principes, absolvaient les conspirateurs royalistes, décrétaient de prise de corps les écrivains patriotes, et avaient osé porter un acte d'accusation contre Mirabeau lui-même, coupable à leurs yeux d'avoir servi la Révolution. » (*Histoire de Robespierre*, tome I, p. 327-328).

(1) Voir le *Bulletin du Tribunal révolutionnaire*, 4e partie, Nos 81, 82, 83, 84, 85, pages 321, 327, 336, 337.

de complots et de conspirations tendant à la dissolution de l'Assemblée nationale et au rétablissement du despotisme », et exécuté le même jour (1).

5. — Lambert, contrôleur général des finances après le Ministère de Necker, du 4 septembre au 3 décembre 1789, donna sa démission après la déclaration de l'Assemblée nationale portant qu'il avait perdu la confiance de la nation. Il fut arrêté à Sainte-Foy, près de Lyon, au mois de février 1793, traduit devant le Tribunal révolutionnaire sous l'inculpation de menées royalistes, condamné, le 9 messidor an II (27 juin 1793), et exécuté le même jour (2).

6. — Claret de Fleurieu, Ministre de la Marine du 24 octobre 1790 au 12 mai 1791, fut arrêté comme royaliste, et enfermé aux Madelonnettes. Il fut remis en liberté après le 9 Thermidor.

7. — Enfin, Duranthon, Ministre de la Justice du 13 avril au 3 juillet 1792, fut arrêté comme royaliste, sur la dénonciation de la commission révolutionnaire de Bordeaux, jugé par le tribunal criminel de cette ville, condamné à mort et exécuté à Bordeaux, le 20 décembre 1793.

Nous arrivons à présent aux accusations criminelles portées contre onze ministres du roi Louis XVI, et qui ont eu pour motifs l'exercice du pouvoir ministériel. Ces accusations ont atteint les Ministres de la Justice du Port du Tertre et de Joly ; les Ministres des Relations extérieures Montmorin et De Lessart ; les Ministres de la Guerre Du-

(1) *Bulletin du Tribunal révolutionnaire*, 4e partie, nos 57, 58, 59, 60 et 61, pages 230, 242, 243.

(2) Campardon, *Le Tribunal révolutionnaire de Paris*, Paris, 1866, 2 vol. in-8o t. II, p. 440.

portail, Narbonne, de Grave, Lajard et d'Abancourt; le Ministre des Finances Tarbé, enfin le Ministre de la Marine Bertrand de Molleville. Tous ces ministres, sauf de Joly, ont été décrétés d'accusation avant la proclamation de la République, c'est-à-dire avant le 21 septembre 1792, et, par conséquent, sous l'empire de la Constitution du 3-14 septembre 1791. A l'exception du Ministre des Relations extérieures De Lessart, décrété d'accusation le 10 mars 1792, à la suite d'un grand débat politique auquel prirent part les plus fameux orateurs de la Gironde, Guadet, Brissot, Vergniaud, les autres ministres, au nombre de neuf, ne furent décrétés d'accusation qu'après le 10 Août, lorsque l'extrême danger où se trouvait la patrie, du fait de la contre-révolution unie à la coalition étrangère, eut éclairé d'une vive lumière les actes qu'ils avaient accomplis pendant leur administration. Mais il est bon d'observer que, bien avant le 10 Août, la plupart d'entre eux avaient été l'objet de dénonciations graves et même de propositions d'accusation, écartées ou ajournées et qui furent reprises après la victoire du peuple de Paris. De Joly, que nous avons mis à part, se trouvait dans le même cas que ses collègues. Cependant, ce n'est point par l'Assemblée législative qu'il fut décrété d'accusation, c'est par la Convention nationale, le 29 frimaire an II (19 décembre 1793); mais il le fut pour les actes auxquels il avait pris part comme ministre avant le 10 Août.

I. — Du Port du Tertre

Du Port du Tertre était avocat à Paris au moment

de la réunion des Etats-Généraux. Il se déclara pour la cause de la Révolution, mais il ne put jamais se dégager complètement des influences de l'ancien régime. Il fut élu, en 1789, membre de la municipalité de Paris et lieutenant de maire au bureau de police. Il devint ensuite substitut du procureur-syndic de la Commune. Le 21 novembre 1790, il fut nommé Ministre de la Justice, sur la recommandation du général La Fayette, en remplacement de Champion de Cicé. On lui reprocha bientôt d'être hostile à la liberté de la presse, et la lettre-circulaire qu'il adressa, au mois de janvier 1792 (1), aux juges et commissaires du roi des différents tribunaux au sujet des querelles d'opinion et de religion, et sur les motifs qui avaient déterminé Louis XVI à refuser sa sanction au décret concernant les troubles religieux, le rendirent suspect à beaucoup d'amis de la Révolution. Il fut dénoncé, le 22 février 1792, à l'Assemblée, par Girardin, Vergniaud, Merlin et Quinette, comme ayant accordé des provisions de notaires dans l'intervalle de la sanction à la promulgation de la loi qui supprimait la vénalité des offices. Le 12 mars suivant, à sa demande, et après les observations de Becquet, Larivière et Lasource, l'Assemblée décréta qu'il serait donné communication à du Port du Tertre des différents chefs d'accusation présentés contre lui. « On reprochait au ministre, disent MM. Buchez et Roux (2), d'avoir contresigné la lettre écrite, le 10 mars, par le roi, relati-

(1) Voir le *Moniteur* du 25 janvier 1792, n° 25.

(2) *Histoire parlementaire de la Révolution française*, 2e édition, Paris, Hetzel, 1846, 7 vol. in-12. *Histoire de l'Assemblée législative*, t. II, p. 213.

vement aux observations sur Bertrand de Molleville; d'avoir ordonné que les juges des tribunaux criminels seraient nommés par les juges de districts, tandis qu'une instruction de l'Assemblée constituante attribuait ces nominations aux Administrations départementales; d'avoir accordé des lettres de grâce contrairement aux dispositions du Code pénal, d'être contrevenu au décret sur les notaires, etc. » Le Ministre de la Justice se défendit lui-même, à la séance du 13 mars, et repoussa les inculpations dirigées contre lui. Quelques jours après, le 22 mars, il quitta le Ministère.

Cependant, le 4 avril, Saladin présenta un rapport sur les différents chefs d'accusation dirigés contre du Port du Tertre et sur les réponses de l'ex-ministre. Il observa que du Port du Tertre n'avait pu écarter l'accusation d'avoir attribué aux tribunaux le choix des juges criminels, délégué par la loi aux départements, ni d'avoir accordé des provisions de notaire depuis la sanction de la loi qui défendait la création d'offices sans un décret du corps législatif, ni d'avoir donné des lettres de répit et de grâce, au mépris des lois et du code pénal, ni d'avoir sursis à l'exécution des jugements criminels, ni enfin d'avoir inexécuté la loi d'amnistie et avili les autorités constituées. Il conclut, en conséquence, qu'un décret d'accusation devait être rendu contre l'ex-garde des sceaux, Ministre de la Justice (1). Mais le débat fut de nouveau ajourné. Deux mois s'écoulèrent, et ce n'est que le 5 juin que l'Assemblée reprit cette discussion. Delaunay (d'Angers) et Merlin (de Thionville) se prononcèrent pour l'accusation. Ce

(1) *Moniteur* du 5 avril 1792, n° 96.

dernier reprocha vivement à du Port du Tertre des propos qu'il aurait tenus chez un restaurateur du Palais-Royal contre le club des Jacobins et la fête de Château-vieux. C'était rapetisser singulièrement le débat. Jouffret, Quatremère, Dubayet, Girardin, Lacroix, Hua et Ducos s'élevèrent contre la dénonciation de Merlin. Puis, après avoir entendu un discours de Beugnot en faveur du ministre inculpé, l'Assemblée décida, le 5 juin, par une délibération presque unanime, qu'il n'y avait pas lieu à accusation contre du Port du Tertre (1).

Aussi l'ex-garde des sceaux pouvait-il se croire désormais à l'abri des attaques de ses ennemis, d'autant plus qu'après avoir quitté le Ministère il avait accepté, le 10 avril 1792, la fonction d'accusateur public près le tribunal criminel vacante par la démission de Robespierre, fonction qu'il quitta bientôt après, du reste. Mais les événements se précipitent. Le 10 Août a lieu. Cinq jours après, le 15 août, du Port du Tertre est arrêté, conduit à la prison d'Orléans, puis transféré à celle de Versailles. Il avait ainsi échappé aux massacres de Septembre. L'année suivante, on l'enferme à la Conciergerie, et enfin, il comparaît devant le Tribunal révolutionnaire.

Du Port du Tertre parut devant le Tribunal révolutionnaire en même temps que l'un des plus grands orateurs de l'Assemblée constituante, Barnave. Le procès dura deux jours : le 7 et le 8 frimaire an II (27 et 28 novembre 1793.) Tout d'abord, le greffier donna lecture des actes et décrets rendus par le corps législatif contre les deux prévenus.

(1) *Moniteur* des 6 et 7 juin 1792, nos 158 et 159.

Voici le texte de ces actes, d'après le *Bulletin du Tribunal révolutionnaire* et le recueil des *Jugements du Tribunal révolutionnaire* (1).

En premier lieu :

« Acte du corps législatif, donné à Paris, le 16 août 1792, l'an quatrième de la Liberté.

« Décret de l'Assemblée nationale, du 15 août 1792, l'an quatrième de la Liberté.

« L'Assemblée nationale décrète qu'il y a lieu à accusation contre M. Duport, ex-Ministre de la Justice.

« Au nom de la nation, le conseil exécutif provisoire mande et ordonne à tous les corps administratifs et tribunaux, que les présentes ils fassent consigner dans leurs registres, lire, publier et afficher dans leurs départements et ressorts respectifs, et exécuter comme loi. En foi de quoi, nous avons signé ces présentes, auxquelles nous avons fait apposer le sceau de l'Etat. A Paris, le seizième jour du mois d'août 1792, l'an quatrième de la Liberté. *Signé*, ROLAND. *Contre-signé*, DANTON. Et scellé du sceau de l'Etat. Certifié conforme à l'original. *Signé*, GOHIER ».

En second lieu :

« Acte du corps législatif, contenant l'acte d'accusation contre les sieurs Duportail, Duport, Tarbé, Bertrand, Barnave et Alexandre Lameth.

« Du 29 août 1792, l'an quatrième de la Liberté.

« ... Dans la séance du 15 de ce mois, d'après la lecture d'un acte trouvé dans un des secrétaires

(1) *Bulletin du Tribunal révolutionnaire*, 3e partie, nos 10 et 11, audiences des 7 et 8 frimaire an II ; — *Jugements du Tribunal révolutionnaire*, tome III.

du cabinet du roi, par les commissaires de l'Assemblée nationale, intitulé : *Projet des ministres*, concerté avec MM. Lameth et Barnave, des dispositions duquel il paraît résulter un concert entre les ministres du roi et les conseillers secrets, désignés en tête de cet acte, pour prendre des mesures d'une activité apparente, et dont le véritable but semble avoir été d'entraver l'exécution des décrets de l'Assemblée nationale, de détruire ainsi le pouvoir législatif par la résistance sous divers rapports, et, sous d'autres rapports, par l'inertie du pouvoir exécutif.

« L'Assemblée nationale a, par son décret dudit jour, 15 de ce mois, décrété qu'il y avait lieu à accusation contre :

« 1° Le sieur Duportail, ex-Ministre de la Guerre ;

« 2° Le sieur Duport, ex-Ministre de la Justice ;

« 3° Le sieur Tarbé, ex-Ministre des Contributions publiques ;

« 4° Le sieur Bertrand, ex-Ministre de la Marine ;

« 5° Le sieur Barnave, ci-devant député à l'Assemblée nationale constituante.

« 6° Le sieur Alexandre Lameth, aussi député à l'Assemblée constituante (1).

« En conséquence, elle les accuse, par le présent acte, devant la Haute-Cour nationale, comme prévenus d'avoir conspiré contre la Constitution, la

(1) L'énumération du *Bulletin du Tribunal révolutionnaire* (3e partie, nos 10 et 11) est incomplète. Le *Moniteur* du 17 août 1792, n° 230, nous apprend, en effet, que, dans sa séance du 15 août au soir, l'Assemblée législative a décrété d'accusation Montmorin, en même temps que les six personnes ci-dessus indiquées.

sûreté générale de l'Etat, la liberté et la souveraineté de la nation française » (1).

Cet Acte, comme le précédent, était suivi de la formule exécutoire, libellée comme ci-dessus. Elle se terminait ainsi : « signé : Servan; contre-signe, Danton ; scellé du sceau de l'Etat; certifié conforme à l'original, signé : Gohier. »

Après la lecture des documents que nous venons de reproduire, le président procéda à l'interrogatoire des deux accusés, en commençant par du Port du Tertre. Barnave se défendit avec beaucoup plus d'énergie et de vigueur que l'ancien Ministre de la Justice. L'accusateur public, Fouquier-Tinville, demanda la condamnation de du Port du Tertre et de Barnave. « La déclaration du jury de jugement faite individuellement à haute et intelligible voix », fut celle-ci : « qu'il est constant que Marguerite-« Louis-François Duport-Dutertre et Antoine-« Pierre-Joseph-Marie Barnave ont conspiré contre « la liberté et la souveraineté du peuple, et contre « la sûreté générale de l'Etat. » En conséquence de cette déclaration, le Tribunal révolutionnaire, présidé par Herman, condamna à la peine de mort « lesdits Antoine-Pierre-Joseph-Marie Barnave et Marguerite-Louis-François Duport-Dutertre, conformément à l'article 2, 2e section du titre Ier du Code pénal ». Le jugement ordonna en outre la mise

(1) Ainsi, d'après l'Acte de l'Assemblée législative, les six accusés dont on vient de lire les noms devaient être traduits devant la Haute-Cour nationale siégeant à Orléans. Et cependant les deux d'entre eux qui étaient prisonniers comparurent, non point devant la Haute-Cour, mais devant le Tribunal révolutionnaire ! C'est que, dans l'intervalle, le Tribunal révolutionnaire avait remplacé la Haute-Cour pour le jugement des complots et conjurations contre la sûreté de l'Etat. (Voir Campardon, *le Tribunal révolutionnaire de Paris*, tome I, page 195.)

à exécution dans les vingt-quatre heures (1). Condamnés ensemble, du Port du Tertre et Barnave montèrent ensemble à l'échafaud. Tous deux moururent avec courage. Du Port du Tertre était âgé de 39 ans, et Barnave de 32 ans seulement.

II. — De Joly

De Joly était, avant 1789, avocat aux Conseils du roi. Il se montra favorable à la Révolution, et devint successivement, en 1789, lieutenant de maire et secrétaire-greffier de la Municipalité de Paris. Au mois de juin 1792, il fut nommé par le roi secrétaire de son Conseil, et, quelques jours après, le 4 juillet, Ministre de la Justice en remplacement de Duranthon. Dans sa courte et orageuse carrière ministérielle, de Joly dénonça à l'Assemblée un numéro du journal de Mallet-Dupan qui prêchait l'avilissement des pouvoirs. Les Girondins lui surent gré de cette initiative et lui accordèrent leur confiance. Mais bientôt, de Joly s'aperçut qu'il était impossible de réconcilier la France révolutionnaire avec la royauté constitutionnelle de Louis XVI, et préféra prendre le parti de la cour que celui de la nation. Le 10 juillet, après que chacun des ministres eut fait à l'Assemblée le compte rendu de la situation intérieure et extérieure de la France, de Joly déclara en leur nom « qu'il n'était plus en leur pouvoir de défendre le royaume de l'anarchie qui menaçait de tout engloutir, et annonça qu'en conséquence, ils avaient tous donné leur démission au

(1) *Jugements du Tribunal révolutionnaire*, tome III, audience du 8 frimaire an II. — Archives Nationales, carton W 298, dossier 285.

roi ». Ces paroles, saluées par les applaudissements des tribunes, furent accueillies dans l'Assemblée par un profond silence. Cependant, de pressantes démarches furent faites auprès des ministres qui consentirent à reprendre leur démission. De Joly parut encore à la tribune pour présenter à l'Assemblée un rapport sur la suspension de Pétion et de Manuel. A cet acte, Pétion répondit en dénonçant à l'Assemblée la trahison du roi et en réclamant sa déchéance. Après le manifeste du duc de Brunswick, la manifestation contre-révolutionnaire de La Fayette et le refus de l'Assemblée de rendre le décret d'accusation demandé contre ce général par Brissot, de Joly poussa la cour à l'emploi de la force. Le 9 août, il adressa à l'Assemblée une lettre dans laquelle il rendait compte qu'il avait dénoncé au tribunal criminel les violences exercées contre beaucoup d'individus et plusieurs députés. C'était une déclaration de guerre au club des Jacobins, l'un des foyers de la résistance à la conjuration royaliste et à la coalition étrangère. Le lendemain, 10 Août, le peuple de Paris s'emparait des Tuileries. Le roi était prisonnier, et Danton remplaçait de Joly comme Ministre de la Justice.

Le 19 décembre 1793 (29 frimaire an II), Phillipeaux fit décréter de Joly d'accusation et de renvoi au Tribunal révolutionnaire comme ayant été Ministre de la Justice à l'époque du 10 Août. Voici le texte de ce décret : « La Convention nationale « décrète que Joly, Ministre de la Justice à l'époque « du 10 Août, et prévenu d'un système atroce de « proscription contre les patriotes qui résistaient

« aux manœuvres liberticides du tyran, sera, si fait « n'a été, mis en état d'arrestation et traduit au « Tribunal révolutionnaire. » Fut-il emprisonné, comme quelques-uns l'affirment, oublié dans sa prison, et rendu à la liberté après le 9 Thermidor; ou bien, réussit-il simplement à échapper par la fuite à l'arrestation ordonnée contre lui ? Il est sûr, en tous cas, qu'il ne fut point jugé par le Tribunal révolutionnaire; que, sous l'Empire, il exerça les fonctions d'avocat du Conseil d'État, et qu'il mourut en 1837.

III. — Montmorin

Montmorin était ambassadeur de France en Espagne, au commencement du règne de Louis XVI. Il remplaça, en 1787, le comte de Vergennes au Ministère des Affaires étrangères, et, sauf une interruption de quelques jours, en 1789, il garda son portefeuille jusqu'à la fin de l'année 1791. Il fut l'un des conseillers les plus intimes du roi Louis XVI et de la reine Marie-Antoinette, et eut, par cela même, une influence très grande et très funeste sur les événements politiques de cette époque. Après la démission de Necker, Menou fit, à la séance de l'Assemblée nationale du 19 octobre 1790, un rapport, au nom des Comités diplomatique, colonial, militaire et de la marine, au sujet de l'insubordination de l'escadre et des troubles qui s'étaient manifestés à Brest. La fin de ce rapport contenait des considérations très importantes sur le Gouvernement et les ministres. Le rapporteur se plaignait vivement de l'inertie des ministres et des agents du pouvoir exécutif. « ...Quelle que soit la cause de son inertie, dit-il, soit que la méfiance qu'ils ont inspirée au peuple leur ait opposé des obstacles, soit qu'ils ne connaissent encore la Constitution que de nom, et qu'ils n'en aient pas adopté les principes, la force publique est ralentie dans leurs mains; toutes leurs démarches, le retard dans l'envoi des décrets, des lenteurs continuelles en arrêtent l'organisation. Ils s'occupent bien de tous les désordres locaux; ils viennent chaque jour nous en entretenir; chaque jour ils nous annoncent la défiance qui suit leurs démarches, et qui empêche de donner au pouvoir exécutif l'énergie et la puissance qu'il doit avoir. » Après avoir rappelé qu'il n'appartenait qu'au roi de nommer des ministres, qu'un décret excluait du Ministère les membres de l'Assemblée, et que ce décret devait être maintenu parce qu'il était le *palladium* de la liberté, Menou terminait en invitant le roi à choisir de nouveaux ministres et à les prendre parmi les amis de la Constitution. Le projet de décret qu'il proposait portait que le président « se retirera par devers le roi, pour représenter à Sa Majesté que la méfiance que les peuples ont conçue contre les ministres actuels apporte les plus grands obstacles au rétablissement de l'ordre public, à l'exécution des lois et à l'achèvement de la Constitution ».

Ces conclusions provoquèrent un grand débat, auquel prirent part Cazalès, Ricard (de Toulon), Alexandre de Lameth, Malouet, Alexandre de Beauharnais, Brevet, Virieu, Barnave, l'abbé Jacquemard. Puis, Beaumetz renouvela les accusations contre les ministres, en déclarant qu'il faisait une exception à l'égard de Montmorin « en faveur duquel il réclamait l'approbation de l'Assemblée ». Appuyée par Chapelier et combattue par Cazalès, la motion de Beaumetz, portant « que le Ministre des Affaires étrangères, Montmorin, n'avait pas perdu la confiance publique », fut adoptée à une grande majorité. Ensuite, la proposition de Menou relative au renvoi des ministres, fut rejetée, par appel nominal, à la majorité de 403 voix contre 340.

Ainsi, au mois d'octobre 1790, Montmorin avait une situation prépondérante dans le Ministère. Il ne la conserva pas longtemps. Le 6 avril 1791, dans la discussion sur l'organisation du Ministère, Menou dénonça les dernières nominations de Montmorin, alléguant que, dans les personnes nommées, il ne se trouvait que d'anciens nobles, dont aucun ne s'était prononcé pour la Révolution. Le Ministre des Affaires étrangères dut se justifier (1). Quelques jours après, le 12 avril, il eut la maladresse, ou l'inconvenance, d'adresser à l'Assemblée une note annonçant la prestation de serment de trois ambassadeurs. Cette communication fut accueillie par de grands murmures. Chapelier fit voter une proposition portant que le billet serait renvoyé au ministre, et que le président lui déclarerait « que l'Assemblée ne recevait point de billet » (2). Le 19 avril, une accusation formelle fut portée à l'Assemblée contre Montmorin, au sujet de l'entrée des troupes autrichiennes sur le territoire de Porrentruy. Tandis que Noailles blâmait le ministre de n'avoir point fait part à l'Assemblée de l'affaire de

(1) *Moniteur* des 8 et 9 avril 1791, n°s 98 et 99.
(2) *Moniteur* du 14 avril 1791, n° 104.

Porrentruy, et que Rewbell l'accusait de ne tenir aucun compte des avis qui lui étaient donnés par les députés sur les armements des contre-révolutionnaires et des conspirateurs en Alsace, Robespierre reprocha au Gouvernement l'incurie dont il faisait preuve quand la sûreté intérieure et extérieure du pays étaient également menacées (1).

Considéré comme complice de la fuite du roi, Montmorin vit, le 21 juin 1791, sa maison entourée d'une foule menaçante. Trois jours après, l'Assemblée, qui venait de recevoir communication du passeport délivré à la reine, sous le nom de baronne de Korff, par Montmorin, dont il portait la signature, ordonna que le Ministre des Relations extérieures paraîtrait à la barre pour donner des éclaircissements à ce sujet, et le fit accompagner d'une escorte chargée d'assurer sa sûreté. Des explications du ministre et de la vérification faite au Ministère même par quatre membres de l'Assemblée, Rœderer, Gourdan, Camus et Muguet, il résulta la preuve que le passeport, au nom de la baronne de Korff et de sa famille, avait été demandé par le ministre de Russie, Simolin. La conduite de Montmorin fut, en conséquence, déclarée « irréprochable », et le décret de l'Assemblée fut annoncé, à son de trompe, à la foule qui entourait la maison du Ministre des Relations extérieures (2).

Cependant l'Assemblée législative avait succédé à l'Assemblée constituante. Le 1er novembre 1791, Montmorin, accusé par Goupillau de s'être opposé à l'amnistie en faveur des soldats de Château-Vieux

(1) *Moniteur* du 21 avril 1791, n° 111.
(2) *Moniteur* du 25 juin 1791, n° 176.

condamnés aux galères, dut fournir par lettre des explications qui furent renvoyées au Comité diplomatique. Le 21 novembre, de Lessart, Ministre de l'Intérieur, prit l'intérim des Relations extérieures. « Par une politique adroite au premier aperçu, mais qui devint funeste à ses auteurs, dit Ferrières, les ministres laissaient tout désorganiser, et accusaient ensuite de cette désorganisation la Constitution elle-même, assurant qu'elle ne fournissait aucun moyen d'exécution de ses propres lois (1). » Cette politique avait été, depuis de longs mois, celle de Montmorin. C'est des bancs de la Gironde que partit l'accusation contre l'ex-Ministre des Affaires étrangères. Le 23 mai 1792, Gensonné dévoila devant l'Assemblée l'existence d'un *Comité autrichien*. Il signala la présence continuelle des ex-ministres Bertrand et Montmorin à des conciliabules tenus à Saint-Denis et à Auteuil, dans la pensée de rétablir l'ancien pouvoir du roi et de dissoudre l'Assemblée nationale. Brissot, qui prit la parole après Gensonné, apporta plus de précision encore dans l'attaque dirigée contre Montmorin. Il le montra, conspirant avec l'Autriche le « rétablissement de l'autorité du roi, » trahissant de nouveau les intérêts de la France en maintenant le traité de 1756, accordant sa protection aux émigrés, n'envoyant auprès des cours étrangères que des agents dévoués à l'aristocratie (2). Après ces terribles accusations, le bruit courut que l'ex-ministre s'était enfui, par Boulogne-sur-mer, avec Mme de Lamballe; mais Montmorin, payant d'audace, écri-

(1) Ferrières, *Mémoires*, Paris, 1823, 3 vol. in-8°, t. III, p. 37.
(2) *Moniteur* du 24 mai 1792, n° 145.

vit aussitôt à l'Assemblée qu'il n'avait pas quitté Paris. Il alla plus loin. Le 2 juin, il adressa, de concert avec son ancien collègue, Bertrand de Molleville, un mémoire en réponse aux imputations de Gensonné et de Brissot. Mais, à la séance du 15 août, Gohier vint rendre compte des pièces qui établissaient la correspondance du roi avec les princes émigrés, et le plan de contre-révolution de la cour, concerté par le Comité des ministres, avec Alexandre de Lameth et Barnave. Sur sa proposition, ces deux ex-constituants furent décrétés d'accusation, ainsi que les anciens ministres Duportail, du Port du Tertre, Bertrand de Molleville, Montmorin et Tarbé (1). Montmorin, qui avait été arrêté dans une maison du faubourg Saint-Antoine où il s'était caché, fut conduit devant l'Assemblée législative, et interrogé, dans les séances des 21 et 22 août, par le président. A la suite de cet interrogatoire il fut, sur la demande du Girondin Lasource, décrété d'arrestation provisoire (2). Lasource présenta, le 31 août, à l'Assemblée un rapport à la suite duquel un nouveau décret d'accusation fut rendu contre Montmorin (3). L'ancien ministre avait été écroué à l'Abbaye ; il périt dans les massacres du 2 septembre 1792.

IV. — De Lessart de Valdec

Montmorin, nous l'avons dit, avait été remplacé au Ministère des Affaires étrangères, le 21 no-

(1) Voir plus haut l'accusation contre du Port du Tertre.
(2) *Moniteur* des 23 et 24 août 1792, nos 236 et 237.
(3) *Moniteur* des 2 et 3 septembre 1792, nos 246 et 247.

vembre 1791, par de Lessart de Valdec. D'abord contrôleur général des Finances, puis nommé Ministre de l'Intérieur, le 25 janvier 1791, de Lessart occupait cette fonction au moment de la fuite du roi. Chargé de l'intérim du Ministère des Relations extérieures, il fut nommé titulaire de ce département, le 29 novembre, et laissa le Ministère de l'Intérieur à Cahier de Gerville. Le 6 décembre suivant, Fauchet porta contre lui l'accusation d'avoir retardé l'exécution de la loi sur les contributions publiques dans le département du Calvados, et d'avoir avancé, dans une proclamation, que les représentants ignoraient les principes de la Constitution. Il envoya sa justification dès le lendemain. Le 15 février 1792, l'Assemblée reçut communication d'une lettre par laquelle les administrateurs du district de Longwy appelaient son attention sur les mesures qui se concertaient à Coblentz, centre de l'émigration armée, entre le ministre plénipotentiaire de France dans cette ville, Bigot de Sainte-Croix, et de Lessart. Une nouvelle et catégorique dénonciation fut portée contre de Lessart, quinze jours après, le 1er mars 1792, par Rouyer, qui l'accusa de trahir la France.

L'orage, suspendu depuis quelque temps sur la tête du Ministre des Affaires étrangères, ne tarda pas à éclater. Le 10 mars, Brissot monta à la tribune et prononça un grand discours dans lequel il examina la conduite à tenir à l'égard de l'empereur, qui venait de conclure un nouveau traité avec la Prusse, et le parti à prendre relativement au Ministre des Affaires étrangères, de Lessart, qui avait trahi les intérêts de la patrie. Nous nous bornerons à relever dans ce discours ce qui est relatif à l'accusation contre de Lessart.

« En vous le dénonçant, dit Brissot, je viens remplir une de ces fonctions redoutables que des législateurs ne doivent pas entreprendre légèrement. Le salut de la France me l'ordonne, et je croirais trahir mes serments si, convaincu qu'un ministre a compromis la dignité et la sûreté de la nation, si, convaincu que le laisser à son poste, c'est préparer les plus grandes calamités à la patrie, je n'exposais pas à vos regards tous les faits et tous les motifs qui ont gravé cette double conviction dans mon âme.

«..... Le Ministre des Affaires étrangères n'est pas, pour la reponsabilité, dans la classe des autres départements. On demande pour tous une confiance entière : elle n'est nécessaire que pour la conduite des Affaires étrangères. Dans les autres départements, la loi seule doit diriger les ministres et leurs surveillants. Ont-ils suivi ou non la loi? Voilà le point où peuvent se ramener presque toutes les questions que fait naître la responsabilité. Dans les Affaires étrangères, il n'y a point de loi à suivre. C'est l'intérêt national qu'il faut défendre au dehors; c'est lui qui doit servir de règle, soit pour diriger le ministre, soit pour l'accuser. A-t-il trahi ou négligé cet intérêt? Tel est le point où peuvent se réduire les questions relatives à la responsabilité de ce Département. Mais il y a tant de manières d'envisager cet intérêt extérieur; il peut y avoir tant de variations dans les opinions sur la bonté des mesures politiques, que la responsabilité devient difficile et presque impossible à exercer, qu'un miuistre coupable ou inepte peut toujours échapper avec la plus grande facilité. L'intérêt national est-il évidemment blessé, le crime peut toujours se couvrir du voile de l'incapacité, et le coupable se dérobe à la peine. Le Ministre des Affaires étrangères ne communique de sa correspondance que ce qu'il veut; et, fût-il obligé de la communiquer entière, il a la ressource de la double correspondance, l'une ostensible, l'autre chiffrée. Il a vingt manières pour soustraire sa véritable marche aux regards de ses surveillants. Que conclure de ces réflexions? *que le législateur doit être sévère quand un pareil coupable est découvert*; car la sévérité doit être en raison de la facilité de l'impunité. »

Dans un langage d'une précision terrible, Brissot montre ensuite que le ministre de Lessart a caché à l'Assemblée et à ses Comités la convention de Pilnitz, et qu'ainsi il a « compromis par son silence et la sûreté et la Constitution de la France. » Non seulement de Lessart laissait ignorer à la France la coalition des princes, mais il cherchait encore à lui persuader que l'empereur était à son égard dans les dispositions les plus pacifiques. Puis, Brissot insiste sur la perfidie des communications de de Lessart au prince de Kaunitz touchant l'état intérieur de la France, et sur son affectation coupable à demander la paix. Il termine ainsi : « Je ne sais si je m'abuse, mais une idée me saisit fortement après avoir analysé cette lettre (la lettre de de Lessart) : les intérêts de la France y sont si visiblement sacrifiés partout, on y avilit tellement la France (car elle y est partout aux pieds de l'empereur), que je suis tenté de m'écrier : Non, ce n'est pas un ministre français qui a écrit cette lettre; elle sort de la plume de l'ambassadeur autrichien; tandis que l'on est tenté d'attribuer au ministre français la réponse de l'empereur. »

De grands applaudissements saluèrent ces paroles, et Brissot conclut en donnant lecture d'un projet de décret d'accusation contre de Lessart. Cette proposition, soutenue par Mailhe, Larivière, Isnard, Aréna, Guadet et Gensonné, fut combattue par Boulanger, Becquet, Jaucourt et Vaublanc. Vergniaud prit à son tour la parole pour appuyer le décret, et prononça à cette occasion un de ses plus magnifiques discours. Le décret d'accusation fut ensuite adopté à une très grande majorité (1).

Voici le texte de l'acte d'accusation, tel que le formula Brissot, devant l'Assemblée, le 14 mars, au nom du Comité diplomatique :

« *Acte d'accusation contre Claude de Lessart, Ministre des Affaires étrangères, prévenu d'avoir négligé et trahi ses devoirs, d'avoir compromis l'indépendance, la dignité, la sûreté, et la Constitution de la France.*

« 1° En n'ayant pas donné connaissance à l'Assemblée nationale des différents traités, conventions, circulaires, qui tendaient à prouver le concert formé, dès le mois de juillet 1791, entre l'empereur et diverses puissances contre la France, et ayant, au contraire, inspiré de la sécurité à l'Assemblée par des assurances sur les dispositions pacifiques de l'empereur.

« 2° En n'ayant pas pressé la cour de Vienne, dans l'intervalle du 1er novembre au 21 janvier, de

(1) *Moniteur* du 12 mars 1792, n° 72.

renoncer à la partie de ces traités qui blessaient la souveraineté et la sûreté de la France.

« 3° En ayant dérobé à la connaissance de l'Assemblée l'office de l'empereur du 5 janvier 1792.

« 4° En n'ayant pas, dans sa note confidentielle du 21 janvier 1792, enjoint à l'ambassadeur de France de remontrer à l'empereur combien le concert de ces puissances était contraire à la souveraineté et à la sûreté de la France, et d'en demander formellement la rupture.

« 5° En ayant communiqué au ministre autrichien, par la note confidentielle écrite à M. Noailles, des détails faux ou dangereux sur la situation de la France, propres à provoquer plutôt ce concert des puissances étrangères contre la France et à compromettre ses intérêts.

« 6° En ayant avancé une doctrine inconstitutionnelle et dangereuse sur l'époque qui a précédé l'acceptation de la royauté constitutionnelle.

« 7° En ayant demandé, dans sa note du 21 janvier, d'une manière indigne d'un ministre de la nation française, la paix et la continuation de l'alliance avec une Maison qui outrageait la France ; en ayant, sur cette alliance, fait des aveux contraires à la dignité et aux intérêts de la nation.

« 8° En ayant trompé l'Assemblée nationale, dans le message du roi du 28 janvier à l'Assemblée nationale, lorsqu'il a assuré qu'il s'était conformé, depuis plus de quinze jours, aux bases de l'invitation du 25 janvier, tandis qu'il avait suivi des dispositions précisément contraires.

« 9° En ayant porté tant de lenteur dans la demande des déclarations sur ce concert, que la

France s'est trouvée, au mois de mars 1792, précisément au même état d'incertitude où elle était en décembre, et en ayant donné aux puissances étrangères le temps de consolider leur concert, de faire des préparatifs de guerre, de fortifier leurs places, de faire marcher des troupes.

« 10° En ayant trahi la confiance du roi, en l'ayant, par sa conduite et par le langage qu'il a tenu en son nom, exposé au soupçon d'avoir voulu favoriser le concert des puissances étrangères, et contribué ainsi à aliéner de lui la confiance publique.

« 11° En n'ayant pas pris et continué les mesures nécessaires pour dissiper, d'une manière réelle et efficace, les rassemblements des émigrés, les priver de leurs moyens hostiles et de leurs approvisionnements.

« 12° En n'ayant pas instruit l'Assemblée nationale du concert coupable qui existait entre plusieurs envoyés de la France dans les pays étrangers et les émigrés, et en ne s'étant pas pressé de rappeler ces chargés d'affaires.

« 13° En n'ayant pris aucune mesure efficace, digne de la nation française, pour faire respecter et venger les Français qui ont été outragés, emprisonnés, dépouillés de leurs biens, et même exécutés dans différents pays étrangers, en Espagne, en Portugal, à Florence et dans les Pays-Bas; en n'ayant pris aucune mesure pour faire respecter le pavillon national dans tous les pays où il a été outragé, comme en Portugal et en Hollande; en n'ayant pas provoqué l'Assemblée nationale à prendre des mesures vigoureuses sur ces divers outrages, en ne lui ayant pas même communiqué les faits y relatifs.

« 14° En ayant négligé les intérêts de la France dans ses relations extérieures avec la Porte, la Pologne et l'Angleterre.

« 15° En ayant refusé d'obéir aux décrets de l'Assemblée nationale, qui lui enjoignent de communiquer les pièces de sa correspondance qui pouvaient être relatives à la conjuration des émigrés, et d'indiquer les agents du pouvoir exécutif qui pouvaient y tremper.

« 16° En ayant, comme Ministre de l'Intérieur, différé pendant plus d'un mois d'expédier officiellement le décret relatif aux troubles d'Avignon, et en ayant par là contribué à la continuation de ces troubles.

« L'Assemblée nationale a, dans sa séance du 10 mars, décrété qu'il y avait lieu à accusation contre Claude de Lessart, et, en conséquence, accuse, par le présent acte, devant la Cour nationale, Claude de Lessart, Ministre des Affaires étrangères, comme prévenu d'avoir négligé et trahi ses devoirs, compromis l'indépendance, la dignité, la sûreté et la Constitution de la nation française (1). »

Le 10 mars, dès que le décret d'accusation contre de Lessart eut été rendu, Mathieu Dumas, qui était membre de l'Assemblée, courut chez l'ex-ministre pour l'en avertir et l'inviter à se dérober, par la fuite, à une arrestation inévitable. De Lessart refusa; il se croyait certain de se justifier; il était résolu à se présenter devant le tribunal d'Orléans (2).

(1) *Moniteur* du 15 mars 1792, n° 75.
(2) Mathieu Dumas, *Mémoires*, année 1792.

On l'arrêta, en effet, et il fut écroué, d'abord dans les prisons d'Orléans, puis dans celle de Versailles. Il périt, le 9 septembre 1792, lors du massacre des prisonniers de la Haute-Cour.

V. — Duportail

Duportail, qui avait fait la guerre de l'indépendance américaine sous les ordres de La Fayette, et qui avait le grade de maréchal de camp, fut nommé Ministre de la Guerre, le 10 octobre 1790, en remplacement de La Tour du Pin Gouvernet. Dès les premières séances de l'Assemblée législative, il fut en butte aux attaques de Chabot, de Brissot, d'Audrein, de Lacroix, de Bertrand, de Ducos, et et de Vergniaud, pour avoir négligé de faire jouir du bénéfice de l'amnistie plusieurs soldats détenus dans les prisons, pour avoir livré aux volontaires de Seine-et-Marne des fusils en mauvais état et en quantité insuffisante, pour s'être entouré, au Ministère de la Guerre, de commis dévoués à la cause de la contre-révolution. Mais le Ministre de la Guerre avait des intelligences dans l'Assemblée. Lorsque, le 29 octobre 1791, Choudieu eut présenté au nom des Comités militaire et de surveillance huit chefs d'accusation contre Duportail, et que celui-ci eut commencé de répondre, article par article, à ces accusations mal posées, il devint manifeste que les questions avaient été communiquées d'avance au ministre, ou même convenues avec lui. Quoiqu'il en soit, les réponses de Duportail furent souvent accueillies par des murmures. Il finit par s'échauffer, et par dire que c'était la malveillance plutôt que le patriotisme qui suscitait ces attaques. L'Assemblée passa à l'ordre du jour.

Mais les attaques recommencèrent le 2 novembre. On l'accusa de laisser sans armes les volontaires envoyés aux frontières, de maintenir sur les états de la guerre des officiers morts depuis longtemps. On lui demanda l'état nominatif des militaires qui avaient abandonné leur poste, et celui des remplaçants. Finalement, le ministre annonça à l'Assemblée, le 2 décembre 1791, qu'il venait de donner sa démission. Malgré cela, une nouvelle dénonciation fut portée contre lui, le 3 décembre. Le 17 janvier 1792, à la demande de Lecointe, l'Assemblée arrêta l'impression des comptes de l'ex-ministre. Le 13 avril, Duportail écrivit à l'Assemblée qu'il travaillait à la rédaction du compte général de sa gestion. Ce travail n'avait pas encore été remis à l'Assemblée lorsque survinrent les événements du 10 Août. Dans la séance du 15 août, sur le rapport de Gohier, Duportail fut décrété d'accusation, sous l'inculpation d'avoir prêté les mains à la réussite du plan de contre-révolution de la cour (1). Il se cacha à Paris, pendant plusieurs mois, puis réussit à passer en Amérique.

VI. — Narbonne

Le jeune et brillant Narbonne-Lara, qu'on disait fils naturel de Louis XV, d'abord colonel du régiment de Piémont, ensuite commandant des gardes nationales du Doubs, puis maréchal de camp, fut Ministre de la Guerre, du 6 décembre 1791 au

(1) *Voir plus haut l'accusation contre du Port du Tertre.*

10 mars 1792. Il dut ce poste à l'influence de Mme de Staël. Il déploya, dans ces fonctions, la plus grande activité et une intelligence peu commune (1). Mais il a avoué lui-même plus tard, que l'armée qu'il voulait former devait à la fois servir de sauvegarde contre les ennemis du dehors et aider le roi à vaincre les partis qui, dans l'Assemblée et dans le pays, menaçaient le trône (2). A peine nommé, il partit pour aller visiter les troupes qui se tenaient aux frontières de l'Est. Il reçut maréchaux de France, à la tête de la garnison de Metz, les généraux Luckner et Rochambeau. Il se préoccupa ensuite d'assurer la défense des frontières limitrophes de l'Espagne et de la Sardaigne. Il démontra la nécessité de fortifier l'armée de ligne, porta son attention sur les marchés faits pour convois militaires, en un mot embrassa l'ensemble et les détails de son administration. Ses démêlés avec Bertrand de Molleville, Ministre de la Marine, l'obligèrent à quitter le Ministère de la Guerre, le 9 mars 1792. Destitué, il fut remplacé par De Grave, et alla occuper un poste militaire à Metz.

Le 31 mars, une dénonciation contre Narbonne, signée de Dubois-Crancé, et certifiée par le prince de Hesse, commandant de la 10e division militaire, ainsi que par les corps administratifs des Basses-Pyrénées, fut adressée à l'Assemblée. On y signalait le dénûment des moyens de défense dans lequel le ministre avait laissé les départements du

(1) M. Villemain a fait paraître dans ses *Souvenirs contemporains d'histoire et de littérature*. (Paris, 2 vol. in-8 et in-12), une étude très intéressante sur Narbonne. (Tome I.)

(2) *Souvenirs contemporains*. Première partie, édition in-12, p. 32-35.

Midi. Mais le parti de la Gironde continua à Narbonne, dans cette circonstance, l'appui qu'il lui avait accordé pendant toute la durée de ses fonctions ministérielles. Malgré les réclamations de Mailhe et de Goupilleau qui demandaient que Narbonne fût appelé à la barre, Quinette et Fauchet obtinrent qu'un rapport serait fait promptement sur cette affaire. Ce rapport fut, en effet, présenté le 2 avril, par Fauchet, au nom des Comités militaire et de surveillance. Fauchet commença par établir que, contrairement aux assertions des accusateurs de l'ex-Ministre de la Guerre, « la ville de Perpignan était à l'abri d'un coup de main, et que les constructions que Narbonne y avait fait faire, pour placer de l'artillerie, la défendraient contre une invasion des Espagnols ». Il ajouta que Narbonne avait fait, pour la défense de cette frontière, tout ce qui dépendait de lui. Puis il embrassa d'un coup d'œil l'administration de Narbonne : « Quand on réfléchit, dit-il, que M. Narbonne n'a pas été ministre plus de trois mois, que, de tous côtés, il était obligé de porter ses soins et de faire face à tout à la fois, on doit convenir que, loin de mériter des reproches, il est digne d'éloges. *(On applaudit.)* Le pouvoir exécutif n'était pas mort entre ses mains; il était plein de mouvement et de vie. » Fauchet fit ensuite allusion aux intrigues des ministres « qui avaient perdu la confiance publique » et que la Cour avait conservés, tandis qu'elle avait obligé Narbonne à quitter le pouvoir. « Nous devons, dit-il en terminant, rendre justice à un ministre qui a déplu aux courtisans par sa franchise, par l'accent de la liberté; qui s'est montré actif quand nul autre ne voulait l'être, et qui a plus fait en deux mois que les autres en un an. » Comme conclusion à ces paroles, Fauchet donna lecture du projet de décret suivant, que les Comités l'avaient chargé de proposer :

« L'Assemblée nationale, après avoir entendu la dénonciation faite contre M. Narbonne par MM. Dubois-Crancé, de Hesse, et par les corps administratifs du département des Basses-Pyrénées, etc., et après avoir entendu le rapport de ses Comités militaire et de surveillance, décrète qu'il n'y a pas lieu à accusation contre M. Narbonne. »

Une grande partie de l'Assemblée accueillit ces conclusions par des applaudissements. Puis, l'Assemblée décida d'entendre Narbonne lui-même. Lorsqu'il se présenta à la barre, les applaudissements redoublèrent. Son exposé justificatif fut plusieurs fois interrompu par des marques d'approbation, et, au moment où il quitta la salle, de nouveaux et vifs applaudissements se firent entendre. Après un long et tumultueux débat, le projet de décret proposé par Fauchet fut adopté à une grande majorité (1).

Narbonne retourna à l'armée. Mais ses ennemis ne voulurent point désarmer. Peu de temps après, Lecointe dirigea de nouvelles imputations contre lui, à l'occasion des marchés de fusils faits en Angleterre. Il fut ensuite dénoncé par Carnot l'aîné et par Albitte pour son règlement de police intérieure des régiments. Ce dernier alla même jusqu'à demander la mise en accusation. Plus tard, il fut compris, par Chabot, dans la dénonciation contre le Comité

(1) *Moniteur* du 3 avril 1792, n° 94.

autrichien et ses agents. On le soupçonna, non sans raison, d'être venu clandestinement à Paris, à la veille du 10 Août, pour soutenir le roi. Le 12 août, à la demande de Choudieu, l'Assemblée rendit un décret portant que si Narbonne avait été auprès de Louis XVI dans cette journée, il serait mandé à la barre pour rendre compte des motifs de son arrivée à Paris. Enfin, le 28 août, sur les observations de Lecointe-Puyraveau et de Cambon, Narbonne fut décrété d'accusation, en même temps que Lajard et de Grave, pour malversations dans son Ministère (1). Il n'attendit pas d'être arrêté, et s'enfuit en Angleterre. Il revint en France après le 18 Brumaire, reprit du service, en 1809, comme général de division, fut chargé par Napoléon de plusieurs missions diplomatiques, devint aide-de-camp de l'empereur pendant la campagne de Russie, et mourut, au mois de novembre 1813, à Torgau, dont il avait été nommé gouverneur.

VII. — De Grave

Le successeur de Narbonne au Ministère de la Guerre, de Grave, entra en fonctions le 9 mars 1792. Il était maréchal de camp, et avait été écuyer en premier du duc de Chartres. Il avait été choisi, comme ministre, par la cour, précisément à cause de ses sentiments rétrogrades. Il ne resta d'ailleurs en fonctions que jusqu'au 8 mai. Pendant son administration, l'armée du Nord éprouva d'assez graves échecs, à Quiévrain et à Lille. Pour y remédier, de Grave demanda une augmentation de

(1) *Moniteur* du 30 août 1792, n° 243.

cinquante bataillons de volontaires. Deux jours après, il écrivit au roi une lettre par laquelle il lui donnait sa démission de Ministre de la Guerre, et une seconde lettre à l'Assemblée pour l'informer de cette décision. Un décret de l'Assemblée défendait aux ministres démissionnaires de sortir de Paris avant d'avoir rendu leurs comptes. Sur la motion de Carnot le jeune, cette permission fut accordée à de Grave. Mais, le 28 août suivant, sur les observations de Lecointe-Puyraveau et de Cambon, de Grave fut, ainsi que Lajard et Narbonne, décrété d'accusation pour malversations dans son Ministère. De Grave échappa, par l'émigration, à la menace d'arrestation. Il rentra en France en l'an XII, et reprit du service comme général de brigade. Louis XVIII le nomma lieutenant-général et pair de France.

VIII. — Lajard

De Grave avait été remplacé par Servan, dont la cour obtint le renvoi. Le Ministère de la Guerre échut d'abord à Lajard, colonel à l'armée du Nord, qui ne resta en fonctions que du 16 juin au 23 juillet 1792. Choisi pour servir la politique contre-révolutionnaire du roi et de la cour, Lajard débuta par une maladresse ou un acte de provocation. Plusieurs lettres, signées de son nom et relatives au Département de la Guerre, furent communiquées à l'Assemblée à laquelle la qualité du signataire n'avait point encore été notifiée. Justement irritée, l'Assemblée, dans sa séance du 17 juin, passa à l'ordre du jour sur ces communications. Le lendemain, 18 juin, le roi se décida à notifier à l'Assemblée la nomination de Lajard, en même temps que la nomination de trois autres ministres : Chambonas, Terrier de Monciel et Duranthon. Il fut, ainsi que nous l'avons dit déjà, décrété d'accusation, le 28 août 1792, à la demande de Lecointe-Puyraveau et de Cambon, pour malversations dans son Ministère. Le 28 novembre, sur le rapport de Lecointre (de Versailles), l'Assemblée prononça l'annulation d'un marché frauduleux de soixante mille fusils, passé entre Lajard, Chambonas, ex-ministres, et Beaumarchais. L'immortel auteur du *Barbier de Séville* et du *Mariage de Figaro* fut même, à ce sujet, décrété d'accusation. Quant à Lajard, il avait passé en Angleterre. Il revint de l'émigration après le 18 Brumaire, entra au Corps législatif en 1808, se rallia aux Bourbons en 1814, et fut nommé maréchal de camp par Louis XVIII.

IX. — D'Abancourt

Lajard avait été remplacé, le 23 juillet 1792, au Ministère de la Guerre par l'adjudant général d'Abancourt, neveu de Calonne, qui, lui aussi, s'inquiéta plus de faire réussir les menées contre-révolutionnaires à l'intérieur que des devoirs de la défense nationale. Il dirigea la résistance aux Tuileries, le 10 Août. L'Assemblée ne le lui pardonna point. Décrété d'accusation, le jour même, à la demande de Thuriot, d'Abancourt fut arrêté, deux jours après, et écroué, d'abord à la Force, puis à la prison d'Orléans, pour être jugé par la Haute-Cour natiotionale « comme prévenu de crime contre la Constitution, et d'avoir attenté à la sûreté de l'Etat ». Ramené d'Orléans à Versailles, avec cinquante-deux autres prisonniers déférés, comme lui, à la Haute-Cour, il fut massacré, ainsi que quarante-trois de ses compagnons, au moment où les chariots portant les prisonniers, escortés par Fournier l'Américain et ses volontaires, franchissaient la grille de l'Orangerie.

X. — Tarbé

Tarbé avait été avocat avant la Révolution. Il devint directeur des Contributions, puis Ministre des Finances, le 29 mai 1791. Il organisa la contribution foncière. Il fut remplacé par Clavière, le 24 mars 1792. Il s'était toujours montré comme un des partisans les plus décidés de la royauté. Décrété d'accusation, le 15 août suivant, sur le rapport de Gohier, en même temps qu'Alexandre de Lameth et Barnave, et les ex-ministres du Port du Tertre, Bertrand de Molleville, Duportail et Montmorin, pour avoir tenté de faire réussir le plan de contre-révolution de la cour, Tarbé parvint à s'enfuir. Il revint en France, après le 18 Brumaire, et vécut éloigné de la politique.

XI. — Bertrand de Molleville

Bertrand de Molleville avait été chargé, en qualité de commissaire du roi à Rennes, de dissoudre le parlement de Bretagne, et avait risqué sa vie dans les émeutes qui se produisirent à cette occasion.

Il fut nommé Ministre de la Marine, le 7 octobre 1791, à la place de Thévenard. Dès les premiers jours, ainsi qu'il s'en est vanté dans ses *Mémoires*, il adopta un système d'inaction calculée qui, pensait-il, devait permettre au roi de supprimer l'Assemblée, ou bien aux puissances étrangères d'intervenir militairement et de rétablir l'autorité royale telle qu'elle existait avant 1789 (1). Tandis qu'il nommait aux plus hautes fonctions de la marine des officiers connus pour leurs opinions contre-révolutionnaires, ou même des émigrés, il dissimulait soigneusement la désorganisation de la flotte et des arsenaux à l'Assemblée, et affectait, à l'égard du Comité de la marine, l'attitude la plus hostile et la plus méprisante. « Il avait adopté avec l'Assemblée, disent MM. Buchez et Roux, une tactique qu'il voulait essayer jusqu'au bout. Il s'était fait une clientèle personnelle. Il donnait de grands dîners et des concerts, auxquels il invitait beaucoup de monde. Il avait aussi une police particulière et des moyens secrets d'influence... » (2). Tout cela explique, et la faveur que ne cessèrent de lui témoigner le roi et la cour, et l'hostilité qu'il montra à Narbonne et qui amena le renvoi du Ministre de la Guerre, et enfin l'insuccès des premières attaques dirigées contre lui dans l'Assemblée.

Ces attaques commencèrent dès les premiers jours du mois de décembre 1791. Le 7 de ce mois, l'Assemblée eut connaissance d'une dénonciation portée contre le Ministre de la Marine par le conseil général du département du Finistère. Bertrand

(1) Voir également, Ferrières, *Mémoires*, tome III, p. 37.
(2) *Histoire de l'Assemblée législative*, 2e édition, tome 1er, p. 211.

de Molleville avait affirmé, dans une lettre adressée au *Moniteur* (1), que les officiers de son Département étaient à leur poste. Après avoir donné des chiffres de nature à prouver que c'était là une assertion mensongère, le conseil général ajoutait : « Nous vous le jurons, jamais, non jamais nous ne serons tranquilles si vous vous reposez sur les agents du pouvoir exécutif ! ils vous ont trompés, ils trompent encore la France entière. » Cavellier, rapporteur du Comité de la marine, démontra ensuite que, sur 804 officiers affectés au département de Brest, le nombre de ceux présents au corps ou embarqués n'était, au 1er octobre, que de 426 ; que, des 378 absents, 107 l'étaient par congé, 271 sans congé. Il ajouta qu'on continuait de payer régulièrement la solde d'un grand nombre d'officiers dont la sortie du royaume était constatée et notoire (2). La trahison semblait évidente et l'était, en effet. Le 29 décembre, Cavellier revint à la charge et présenta, au nom du Comité de la marine, un rapport très court dont les conclusions étaient que le ministre Bertrand avait perdu la confiance de la nation (3). Le Ministre de la Marine répondit, le 2 janvier 1792, que les allégations du rapporteur étaient inexactes, et qu'aucun officier en activité de service n'avait quitté son poste. Les tribunes, remplies d'ouvriers du faubourg Saint-Antoine qui avaient été recrutés moyennant salaire par les agents de Bertrand de Molleville, applaudirent bruyamment, et l'Assemblée elle-même passa à l'ordre du jour (4). Nouvelle

(1) *Moniteur* du 17 novembre 1791, n° 321.
(2) *Moniteur* du 10 décembre 1791, n° 344.
(3) *Moniteur* du 31 décembre 1791, n° 365.
(4) Bertrand de Molleville, *Mémoires*, Paris, 1826, 2 vol. in-8, t. II, p. 56

attaque du Comité de la marine, le 12 janvier; après la lecture, par le ministre, de son mémoire justificatif, le 19, une discussion s'engage, le 1er février. Le rapporteur du Comité, Cavellier, réfute le mémoire et conclut en proposant à l'Assemblée de déclarer au roi que son ministre a perdu la confiance de la nation. Le Girondin Grangeneuve, dans un discours passionné et qui provoque de vives rumeurs, demande un décret d'accusation contre le ministre qui trahit la France. Mais le décret d'accusation est repoussé à une grande majorité (1). Cependant, l'antagonisme entre Narbonne, qui était constitutionnel, qui avait l'appui des Girondins, et qui croyait plus que jamais qu'il était nécessaire de gouverner et d'agir, et Bertrand de Molleville, royaliste décidé, qui n'avait d'autre pensée que de ruiner la Constitution par une inaction calculée, cet antagonisme devenait chaque jour plus notoire et plus grave. Après la lecture d'un mémoire de Narbonne au conseil du 24 février, et la publication de lettres par lesquelles les maréchaux Luckner, Rochambeau et le général de Lafayette demandaient à Narbonne de conserver le Ministère, le roi, poussé par Bertrand de Molleville et la cour, écrivit, le 9 mars, à Narbonne pour l'inviter à remettre son portefeuille à de Grave qu'il venait de nommer à sa place au Département de la Guerre. Le lendemain, au moment même où l'Assemblée allait engager la discussion sur l'attitude de l'empereur et la conduite du Ministre des Affaires étrangères de Lessart, le président porta à sa connaissance une lettre du roi, contresignée par le garde des sceaux, dans laquelle

(1) *Moniteur* du 3 février 1792, n° 34.

Louis XVI disait qu'aucune violation de la loi n'étant reprochée à Bertrand de Molleville, il croyait manquer à la justice en lui retirant sa confiance. Après cette communication, Guadet s'écria que le complot tramé par le Ministère contre la liberté de la France était maintenant avéré, et Brissot et Vergniaud prononcèrent leurs terribles réquisitoires contre de Lessart, qui fut décrété d'accusation.

Cependant Bertrand de Molleville rendit ses comptes à la séance du 25 mars, et profita de la circonstance pour tenter une nouvelle justification. Personne, cette fois, ne se leva pour lui répondre. La victoire remportée sur de Lessart et la formation du Ministère girondin semblaient avoir satisfait l'Assemblée. Mais, le 15 août, après avoir entendu un rapport de Gohier sur la correspondance du roi avec les princes émigrés et le plan de contre-révolution de la cour, l'Assemblée rendit un décret d'accusation contre l'ancien Ministre de la Marine (1). Bertrand s'enfuit en Angleterre, d'où il ne revint qu'à la restauration des Bourbons. Il mourut en 1818.

Là s'arrêtent les accusations criminelles portées, sous la Révolution, contre des ministres. Cela ne veut pas dire que d'autres hommes de cette époque, ayant exercé les fonctions ministérielles, n'ont point été décrétés d'accusation, et même jugés et condamnés. Il y en eut, au contraire, un certain nombre. Parmi eux, nous citerons Clavière, qui fut Ministre des Finances avant et après le 10 Août ; Le Brun, qui fut Ministre des Affaires étrangères après le 10 Août, et Danton, qui fut Ministre de la Justice

(1) Voir plus haut l'accusation contre du Port du Tertre.

également après le 10 Août. Les deux premiers, qui appartenaient au parti de la Gironde, furent décrétés d'accusation, le 5 septembre 1793, comme complices de Dumouriez. Arrêté et emprisonné, Clavière se tua d'un coup de couteau, dans sa prison. Quant à Le Brun, qui avait réussi d'abord à s'enfuir, il fut arrêté, quelque temps après. Il comparut devant le Tribunal révolutionnaire le 7 nivôse an II (27 décembre 1793.) La déclaration des jurés fut : « Pierre-Marie-Henri Tondu, dit Lebrun, né à Noyon, département de l'Oise, imprimeur et ci-devant Ministre des Affaires étrangères, domicilié à Paris, a été l'un des auteurs ou complices d'une conspiration qui a existé contre la liberté, la sûreté du peuple français, l'unité et l'indivisibilité de la République. » En conséquence, le Tribunal révolutionnaire condamna ledit Le Brun « à la peine de mort, conformément à la loi du 16 décembre dernier » (1). Il fut exécuté le même jour.

Danton fut décrété d'accusation, le 11 germinal an II (31 mars 1794), puis jugé, mis hors les débats par un décret de la Convention, condamné par le Tribunal révolutionnaire, et exécuté le 16 germinal (5 avril 1794). Mais l'accusation portée contre le grand révolutionnaire, bien que s'appliquant à plusieurs faits de son Ministère, visait, en réalité, dans son ensemble, ainsi qu'on peut s'en convaincre, en lisant le rapport de Saint-Just à la Convention et les débats du Tribunal révolutionnaire (2),

(1) *Jugements du Tribunal révolutionnaire*, tome IV.

(2) Le décret proposé par Saint-Just à la Convention, et voté par elle, le 11 germinal an II, porte : « La Convention nationale, après avoir entendu le rapport de ses Comités de sûreté générale et de salut public décrète d'accusation : Camille Desmoulins, Hérault, Danton, Philippeaux, Lacroix, prévenus de complicité avec d'Orléans et Dumouriez, avec

une conjuration qui avait pour objet le renversement du Gouvernement républicain et le rétablissement d'un régime monarchique. Le ministre disparaissait ainsi derrière le prétendu conspirateur (1).

Fabre d'Eglantine et les ennemis de la République; d'avoir trempé dans la conspiration tendant à rétablir la monarchie, à détruire la représentation nationale et le Gouvernement républicain : en conséquence, elle ordonne leur mise en jugement avec Fabre d'Eglantine. » (*Rapports faits à la Convention par Saint-Just*, imprimés par ordre de la Convention, Paris, an II. in-32, p. 212-213. — Dr Robinet, *Le procès des Dantonistes*. Paris, 1879, 1 vol. in-8, p. 142 et suivantes. Ce livre, d'une critique si judicieuse et si sûre, est le plus beau monument qui ait été élevé à la mémoire de Danton.)

(1) Le même spectacle s'est présenté de nos jours. Lorsqu'en 1889 le Sénat, formé en Haute-Cour de justice, eut à juger MM. le général Boulanger, Dillon et Rochefort, l'un des chefs d'accusation contre le général Boulanger visait bien la prévarication reprochée au ministre; mais, en réalité, il fut poursuivi et condamné, non comme ancien ministre, mais comme auteur d'un complot qui avait pour objet le renversement du Gouvernement parlementaire organisé par les lois constitutionnelles de 1875.

CHAPITRE III

LA RESTAURATION

Coup d'œil sur les Constitutions de 1793, de l'an III, de l'an VIII. — La Charte de 1814. — Les articles 13, 55 et 56. — Analyse de l'ouvrage de Benjamin Constant sur la responsabilité des ministres. — La proposition de M. Farez. — Exposé des motifs et articles de cette proposition. — Prise en considération. — Retour de Napoléon en France. — Benjamin Constant, principal rédacteur de l'Acte additionnel. — Les dispositions concernant la responsabilité des ministres. — Les pouvoirs de la Chambre des pairs. — Waterloo et la seconde Restauration. — Le projet de loi de M. Pasquier. — Accusation de M. Clausel de Coussergues contre M. Decazes, président du Conseil des ministres, en 1820. — Accusation de M. Labbey de Pompierres contre le Ministère Villèle, en 1828. — Analyse de la proposition. Intervention de M. de Martignac, président du Conseil et Ministre de l'Intérieur. — Nomination d'une Commission. — Rapport de M. Girod (de l'Ain). — Résolution de la Commission portant qu'il y a lieu à instruire contre le dernier Ministère. — Ajournement indéfini de la discussion.

Après la proclamation de la République, la Convention voulut remplacer la Constitution monarchique de 1791 par une Constitution inspirée du principe républicain. Discutée, votée par la Convention et ratifiée par le peuple, cette Constitution, connue sous le nom d'Acte constitutionnel du 24 juin 1793, ne fut point appliquée. Un décret du 19 vendémiaire an II (10 octobre 1793) décida, en effet, que le Gouvernement provisoire de la France serait révolutionnaire jusqu'à la paix. Nous ne nous occuperons donc pas des articles 71 et 72 de cet Acte constitutionnel qui édictaient la responsabilité des membres du Conseil exécutif.

La Constitution du 5 fructidor an III, au contraire, fut, pendant quatre années, la loi fondamentable de la France. Elle établissait la responsabilité des membres du Directoire (art. 159 et 265), et celle des ministres (art. 152) (1). Mais les accusations contre les membres du Directoire étaient jugées par la Haute-Cour de justice, instituée par les articles 265 à 273 de la Constitution, tandis que celles contre les ministres relevaient des tribunaux ordinaires (2).

La Constitution du 22 frimaire an VIII, laquelle, avec les modifications que lui apporta le sénatus-consulte du 28 floréal an XII instituant l'Empire, servit de loi fondamentable à la France pendant quatorze ans, établissait (art. 72) la responsabilité des ministres dans les trois cas suivants : 1° Lorsqu'un acte du Gouvernement, signé par eux, était déclaré inconstitutionnel par le Sénat ; 2° pour l'inéxécution des lois et des règlements d'administration publique ; 3° lorsque les ordres qu'ils avaient donnés étaient contraires à la Constitution, aux lois et aux règlements. Dans ces trois cas, le Corps législatif, sur la dénonciation du Tribunat, avait seul le droit de les accuser, et ils étaient jugés par la Haute-Cour de justice (art. 73). Ils

(1) Art. 152. — Les ministres sont respectivement responsables, tant de l'inexécution des lois, que de l'inexécution des arrêtés du Directoire

(2) Les ministres ne pouvaient être membres du Conseil des cinq-cents, ni du Conseil des anciens. (Art. 47).

pouvaient être poursuivis, également, pour le crime de haute trahison et les autres crimes et délits mentionnés dans le Code pénal; mais, alors, ils devaient être poursuivis et jugés, selon les règles du droit commun, par les tribunaux ordinaires (1).

Il est à remarquer que, ni sous la République constitutionnelle, ni sous le Consulat, ni sous l'Empire, il n'a été question de compléter, par des dispositions législatives, les règles de la responsabilité criminelle des ministres ou de les appliquer à des personnes déterminées. Il faut arriver jusqu'à la Restauration, c'est-à-dire jusqu'à l'établissement en France du Gouvernement parlementaire, pour voir la responsabilité criminelle des ministres étudiée et mise en application.

La Charte de 1814 déclarait la personne du roi inviolable et sacrée, et ajoutait que les ministres étaient responsables (art. 13) (2). La responsabilité criminelle des ministres était mise en action par la Chambre des députés, investie du droit de les accuser et de les traduire devant la Chambre des pairs, qui seule avait le droit de les juger (art 55).

Quels étaient les cas de responsabilité et quelles étaient les pénalités applicables en cas de mise en

(1) Sous la Constitution de 1791, au contraire, tous les crimes et délits des ministres étaient jugés par la Haute-Cour, sur l'accusation exclusive du corps législatif. (Faustin-Adolphe Hélie, *Les Constitutions de la France*, Paris, 1878, 1 vol. grand in-8, p. 597.)

(2) Le 14 avril 1814, le comte d'Artois, après avoir reçu du Sénat le titre de lieutenant-général du royaume, prononça un discours dans lequel il accepta les bases de la future Constitution du royaume telles qu'elles avaient été indiquées dans l'acte du Sénat, en date du 6 avril. Il dit que le roi, son frère, voulait qu'il y eût des « ministres responsables, et pouvant être accusés et poursuivis par les représentants de la nation ». Louis XVIII lui-même, le 2 mai, dans sa Déclaration de Saint-Ouen, mit la responsabilité des ministres au nombre des garanties constitutionnelles qui devaient figurer dans le pacte fondamental.

jugement? L'art. 56 se bornait à indiquer la nature de la responsabilité. En voici le texte : « Ils (les ministres) ne peuvent être accusés *que pour fait de trahison ou de concussion.* » Et le même article ajoutait que des lois particulières « spécifieraient cette nature de délits et en détermineraient la poursuite ».

Nous devons rappeler les discussions qui s'élevèrent, à propos de la responsabilité criminelle des ministres, sous la première Restauration. Un ancien membre du Tribunat, qui avait été expulsé de cette Assemblée par le Premier Consul Bonaparte, et qui était destiné à devenir, l'année suivante, l'inspirateur et le principal rédacteur de l'Acte additionnel, Benjamin Constant, publia, en 1814, un ouvrage sur la responsabilité ministérielle, dans lequel il s'efforça de faire admettre en France les règles appliquées par les Anglais. Il y définissait, en excellents termes, la nature de la responsabilité. « La responsabilité, disait il, ne porte que sur *le mauvais usage d'un pouvoir légal.* Ainsi, une guerre injuste, ou une guerre mal dirigée, un traité de paix, dont les sacrifices n'auraient pas été commandés impérieusemont par les circonstances, de mauvaises opérations de finances, l'introduction de formes défectueuses ou dangereuses dans l'administration de la justice, enfin tout emploi du pouvoir qui, bien qu'autorisé par la loi, serait *funeste à la nation ou vexatoire pour les citoyens* sans être exigé par l'intérêt public : tels sont les objets sur lesquels la responsabilité étend son empire. » Cette énumération, disait Benjamin Constant, doit faire voir combien serait illusoire toute tentative de rédiger sur la responsabilité une loi précise et détaillée, comme doivent l'être les lois criminelles. Il y a, en effet, mille manières d'entreprendre injustement ou inutilement une guerre, et, la guerre une fois entreprise, on la peut diriger avec trop de précipitation ou trop de lenteur ; on peut compromettre les négociations engagées par trop d'inflexibilité ou trop de faiblesse, ébranler le crédit public par des opérations hasardées, des économies mal conçues ou des infidélités déguisées sous différents noms. Quelle est, dans tous ces cas, la limite entre l'incapacité et le crime ? « Si chacune de ces manières de nuire à l'Etat, ajoutait Benjamin Constant, devait être indiquée et spécifiée par une loi, le code de la responsabilité deviendrait un traité d'histoire et de politique, et encore ses dispositions n'atteindraient que le passé. Les ministres trouveraient facilement de nouveaux moyens de les éluder pour l'avenir (1). »

Ainsi, pour le clairvoyant publiciste, la distinction entre la responsabilité ordinaire, — la responsabilité morale et politique, — et la responsabilité criminelle était difficile à faire en théorie. Mais la Charte établissait cette responsabilité en cas de « trahison » et de « concussion ». Comment entendre ces mots ? En l'absence d'une loi explicative, on devait donner à ces expressions le sens le plus large. « Il faudra, disait Benjamin Constant, établir qu'un ministre trahit l'Etat *toutes les fois qu'il exerce au détriment de l'Etat son autorité légale.* » Quant à la pénalité, Benjamin Constant voulait la laisser entièrement à l'appréciation des juges.

(1) Benjamin Constant, *De la responsabilité des ministres*, ch. VI.

« La nature de la loi sur la responsabilité, écrivait-il, implique la nécessité d'investir les juges du droit *d'appliquer et même de choisir la peine*. Les crimes ou les fautes sur lesquels cette loi s'exerce ne se composent ni d'un seul acte, ni d'une série d'actes positifs dont chacun puisse motiver une loi précise ; des nuances, que la parole ne peut désigner et qu'à plus forte raison la loi ne peut saisir, aggravent ou atténuent ces délits. La seule conscience doit pouvoir prononcer en liberté sur le châtiment comme sur le crime (1). »

Cette théorie de l'illustre ami de Mme de Staël est d'autant plus remarquable qu'elle devait être appliquée seize ans plus tard, comme nous le verrons, par la Cour des pairs lors du procès des derniers ministres de Charles X.

Dans cette même année 1814, une tentative fut faite pour réaliser la promesse de l'article 56 de la Charte. Le 26 août, M. Farez développa devant la Chambre des députés une proposition relative à la responsabilité politique et criminelle des ministres.

M. Farez commença par rappeler la règle de l'inviolabilité de la personne du roi. Il s'attacha ensuite à démontrer que ce « premier dogme politique de toute monarchie » n'avait une réelle efficacité « qu'autant qu'il reposait sur le principe de la responsabilité des ministres », car, ajoutait-il, « il est juste, il est indispensable que quelqu'un réponde à la nation des attentats contre sa sûreté et ses institutions, des grandes violations de la Charte et de l'abus de la puissance. » (2).

(1) *De la responsabilité des ministres*, ch. XI.
(2) *Moniteur* du 29 août 1814, p. 968-969.

Après avoir invoqué le projet de Constitution proposé au roi, la déclaration du 2 mai, datée de Saint-Ouen, et les articles 13, 55 et 56 de la Charte, M. Farez ajoutait qu'il était nécessaire de faire définir par la puissance législative ce que la Charte entendait par les mots de trahison et concussion, de déterminer les peines qui seraient applicables à la trahison et à la concussion, et aussi le mode des poursuites à diriger contre les ministres accusés.

« Placé, disait-il, par la sublimité du pouvoir royal hors de l'atteinte du pouvoir judiciaire, le monarque ne saurait agir sans avoir des ministres de ses actions. C'est dans la nécessité de cette assistance, reconnue par nos précédentes Constitutions, que réside le pouvoir des ministres. C'est d'elle aussi que dérivent leurs devoirs.

« Vous penserez donc, messieurs, que cette nécessité doit être proclamée avec les règles de la responsabilité des ministres ; et, pour que cette responsabilité ne soit pas illusoire, vous jugerez qu'il convient qu'aucun ordre verbal ou par écrit du roi ne puisse les y soustraire. « C'est au fond même de la chose, dit un publiciste estimé ; c'est du mérite intrinsèque de sa conduite qu'un ministre doit tirer ses moyens de justification (1). »

L'auteur de la proposition arrivait ensuite à la définition de la trahison et de la concussion. Cette définition, disait-il, devait être donnée par la loi. M. Farez rappelait que, déjà une Adresse de la Chambre au roi avait défini la trahison d'un ministre : « la violation des droits publics et privés

(1) *Moniteur* du 29 août 1814, p. 968-969.

que consacrait la Charte constitutionnelle. » Il s'agissait de développer cette signification « suivant l'esprit de la Charte, et c'est ce même esprit qui devait présider encore à la définition de la concussion, en puisant dans nos lois pénales les explications les plus simples ». M. Farez ne voulait pas ajouter à la rigueur des lois pénales contre les ministres qui prévariqueraient. D'après lui, « le châtiment de ces illustres coupables serait toujours assez sévère quand, accusés par les représentants du peuple, ils seraient déchus des honneurs et de la haute confiance dont ils étaient revêtus, et condamnés par les pairs de la nation ». Mais, ajoutait-il, « pourrions-nous oublier que si le citoyen était abandonné à sa faiblesse individuelle, il tremblerait sans cesse devant la puissance redoutable de ceux qui gouvernent ? Ne serait-il pas à craindre, d'ailleurs, que ceux-ci, dans l'ivresse du pouvoir, ne s'en exagérassent la force au point de vouloir tout oser ; de s'affranchir subitement de tout lien ; de s'élancer hors des limites de la Constitution, et, ne respectant ni l'autorité royale sagement tempérée, ni les prérogatives des grands Corps de l'Etat, ni les droits des particuliers, ne serait-il pas à craindre, s'il faut le dire, qu'ils pussent se livrer un jour à tous les excès de l'arbitraire et du despotisme, sans autre règle que leurs caprices, sans autre frein que le danger de la révolte (1) ».

Par ces motifs, M. Farez demandait que la Chambre suppliât le roi de proposer un projet de loi qui, en exécution des articles 13, 55 et 56 de la Charte constitutionnelle, établît les règles relatives

(1) *Moniteur* du 29 août 1814, p. 968-969.

à la responsabilité des ministres. Il soumettait en même temps à la Chambre une proposition de loi, en dix-huit articles, sur la responsabilité des ministres. Les articles 1 à 8 de cette proposition de loi avaient pour objet de définir et de réprimer la trahison et la concussion. En voici le texte :

« Article premier. — Aucun ordre du roi, dont la personne est inviolable et sacrée, ne peut être exécuté s'il n'est signé par Sa Majesté et contresigné par un de ses ministres.

« Art. 2. — Les ministres sont responsables des trahisons, attentats, prévarications, concussions et abus de pouvoir par eux commis dans l'exercice de leurs fonctions. Aucun ordre du roi, verbal ou par écrit, ne peut soustraire un ministre à la responsabilité.

« Art. 3. — Les ministres ne peuvent être accusés par la Chambre des députés des départements que pour faits de trahison ou de concussion.

« Art. 4. — Un ministre se rend coupable de trahison :

« 1° Lorsqu'il fait ou ordonne quelque acte contre la sûreté intérieure ou extérieure de l'État, contre le roi et la famille royale, et contre la Charte constitutionnelle ;

« 2° Lorsqu'il signe un traité de paix, d'alliance, de commerce, ou tout autre traité contraire aux intérêts ou à l'honneur du peuple français ;

« 3° Lorsqu'il contre-signe un acte de l'autorité royale qui ne devrait émaner que du concours des trois branches de l'autorité législative, ou qu'il ordonne l'exécution de cet acte inconstitutionnel et surpris à la signature du roi ;

« 4° Lorsqu'il fait ou ordonne quelque acte arbitraire et attentatoire à la liberté individuelle, à la liberté des cultes, à la liberté de la presse, aux autres droits publics des Français, et à l'irrévocabilité de la vente des domaines nationaux;

« 5° Enfin, lorsqu'il fait ou ordonne quelque acte tendant au rétablissement du régime féodal, de la dîme, ou à l'établissement de tout autre Gouvernement que celui qui existe dans la famille des Bourbons.

« Art. 5. — La trahison commise par un ministre contre l'État, contre le roi et sa famille, si ce crime a eu quelque effet, emportera la peine capitale.

Si la trahison n'a point eu d'effet, le coupable sera déporté.

Art. 6. — La trahison contre la Charte et contre les droits publics des Français, prévue par les n°s 2, 3, 4 et les deux premiers cas exprimés au n° 5 de l'art. 4, sera punie du bannissement.

« Art. 7. — Un ministre se rend coupable de concussion :

« 1° Lorsqu'il exige, ordonne, ou autorise de percevoir des droits, taxes, contributions qui ne sont pas établis par la loi;

« 2° Lorsqu'il attente aux propriétés publiques ou particulières, ou qu'il dissipe des deniers destinés aux dépenses de l'État;

« 3° Lorsqu'il agrée des offres ou promesses, ou qu'il reçoit des dons ou présents pour faire un acte de son ministère.

« Art. 8. — Tout ministre coupable de concussion sera puni du bannissement, sans préjudice des dommages et intérêts envers l'État ou la partie lésée. »

L'article 9 disposait que les prévarications ou abus de pouvoir non prévus par les articles 4 et 7 ne donneraient lieu qu'à l'action civile. Cet article 9, et l'article 10, réglaient l'exercice de l'action civile. Voici le résumé des articles 11 à 16 de la proposition de loi : Toute dénonciation contre un ministre pour fait de trahison ou de concussion, lorsqu'elle n'était pas proposée par le roi, devait être présentée et développée à la Chambre des députés par un de ses membres, dans la forme prescrite pour l'examen des propositions. Si la Chambre la prenait en considération, elle était soumise à l'examen des bureaux, et chacun d'eux nommait un rapporteur pour former une Commission centrale. Cette Commission avait le pouvoir d'entendre des témoins ou de faire des actes d'instruction, puis elle présentait son rapport à la Chambre, laquelle décidait s'il y avait lieu ou non d'appeler le ministre inculpé. Si le ministre était appelé, la Chambre déterminait les questions qui devaient lui être posées par le président le jour de sa comparution. Si l'inculpé ne comparaissait pas, ou si, comparaissant, il ne détruisait pas l'inculpation, la Chambre, s'il y avait lieu, le déclarait accusé de trahison ou de concussion. Elle en informait le roi par un message, et, dès ce moment, le ministre était, de plein droit, suspendu de l'exercice de ses fonctions. Le projet d'acte d'accusation était rédigé par une Commission de neuf membres nommés par les bureaux. La Chambre le discutait, et si elle l'adoptait, elle l'adressait à la Chambre des pairs. Le président de la Chambre des pairs, sur le vu de l'acte d'accusation, rendait contre l'accusé une ordonnance de prise de corps, dans laquelle l'acte d'accusation était transcrit en entier. Le ministère public près la Chambre des pairs était exercé par un procureur général du roi et deux substituts, nommés tous trois pour chaque accusation, sur une liste double de candidats pris dans le sein de la Chambre des députés. Cette liste était présentée au roi dans le message qui l'informait de l'accusation.

L'article 17 disposait, conformément à l'art. 64 de la Charte, que les débats devant la Chambre des pairs étaient publics, que les art. 574 à 592 du Code d'instruction criminelle devaient être observés, et que l'arrêt n'était susceptible ni d'appel ni de recours en cassation. D'après l'art. 18, pour les crimes et délits communs, les ministres étaient soumis aux règles de juridiction ordinaire et aux peines établies par le Code pénal; mais aucun officier de police, hors le cas de flagrant délit, ne pouvait délivrer, contre un ministre, un mandat de comparution, d'amener ou d'arrêt, qu'après s'y être fait autoriser par le roi.

La proposition de M. Farez ayant été appuyée, la Chambre, consultée, décida qu'elle la prenait en considération. Puis elle ordonna qu'elle serait imprimée et renvoyée aux bureaux (1). Plus tard, la Chambre modifia la proposition de M. Farez, et, le 16 décembre 1814, elle soumit au roi de qui, seul, d'après la Charte, devaient émaner les projets de loi, une nouvelle proposition. Les événe-

(1) *Moniteur* du 29 août 1814.

ments politiques de la fin de l'année 1814 et du commencement de l'année 1815 l'empêchèrent d'être discutée.

Cependant de grands événements s'accomplissent. Napoléon revient de l'île d'Elbe et les Bourbons s'enfuient à Gand. Le règne des Cent-Jours commence. L'Acte additionnel est promulgué. On sait que Benjamin Constant en a été le principal rédacteur. L'auteur de la *Responsabilité des ministres*, qui connaissait si bien la Constitution anglaise, avait non seulement inscrit dans la nouvelle Constitution le principe de la responsabilité des ministres, il y avait, en outre, introduit une série de dispositions pour réglementer la mise en accusation. Comme la Charte en 1814, l'Acte additionnel de 1815 attribuait à la Chambre des représentants le droits d'accuser les ministres et à la Chambre des pairs celui de les juger. Il déterminait, les cas de responsabilité. Les ministres étaient « responsables des actes du Gouvernement signés par eux, ainsi que de l'exécution des lois » (Art. 39). Ils pouvaient, en outre, être accusés et jugés « pour avoir compromis la sûreté ou l'honneur de la nation » (Art. 41). La Chambre des pairs, d'après l'article 42, en cas d'accusation, « exerçait, soit pour caractériser le délit, soit pour infliger la peine, un pouvoir discrétionnaire » (1).

Le Gouvernement des Cent-Jours et l'Acte additionnel s'abîment dans le désastre de Waterloo. Les Bourbons reviennent, et la Charte est remise en vigueur.

(1) Ces dispositions, soumises à la Chambre des représentants, ont été admises sans opposition par elle, dans la séance du 7 juillet 1815. (*Procès-verbaux des séances de la Chambre des représentants*, Paris, 1844, 1 vol. in-8, p. 434.)

Le 3 février 1817, le garde des sceaux, M. Pasquier déposa sur le bureau de la Chambre des députés deux projets de loi : l'un, en seize articles, concernant la responsabilité des ministres ; l'autre, en trente-quatre articles, sur la formation de la Chambre des pairs en Cour de justice. Dans son exposé des motifs, M. Pasquier disait, en parlant du premier des deux projets : « La responsabilité des ministres y est énoncée de nouveau d'une manière générale, et on peut affirmer qu'aucun des cas graves dans lesquels cette responsabilité doit pouvoir entraîner une accusation et un jugement ne se trouve exclu des définitions très larges données par les articles 4 et 5. Si, dans le § 3 de l'article 4, la loi est descendue dans quelques détails en appliquant le nom de trahison à la violation des droits consacrés par les articles 4, 5, 8 et 9 de la Charte constitutionnelle, c'est que l'importance de ces droits est telle, qu'une nouvelle garantie spéciale, bien qu'inutile peut-être en principe, a paru avoir un avantage réel. Les ministres apprendront de nouveau par là que dans les temps réguliers, et, en l'absence de lois extraordinaires, une simple violation de ces droits des citoyens les exposerait à une accusation prévue par les lois, ou les mettrait du moins dans la nécessité d'obtenir des Chambres un acte d'indemnité (1). »

Aucun de ces deux projets n'arriva à la discussion publique.

En 1820, un tragique événement rappela à la Chambre des députés et à la France entière que le

(1) *Moniteur* du 5 février 1817, p. 143, col. 2 et 3.

principe de la responsabilité criminelle des ministres était inscrit dans la Charte. Le duc de Berry venait d'être assassiné, le 13 février, à une représentation de l'Opéra, par Louvel. Le lendemain, après la lecture du procès-verbal, un député de l'Aveyron, qui était en même temps conseiller à la Cour de cassation, M. Clausel de Coussergues, monta à la tribune de la Chambre, et prononça les paroles suivantes : « Messieurs, il n'y a point de loi qui fixe le mode d'accusation des ministres ; mais il est de la nature d'une telle délibération qu'elle ait lieu en séance publique et à la face de la France. Je propose à la Chambre de porter un acte d'accusation contre M. Decazes, Ministre de l'Intérieur, comme complice de l'assassinat de Monseigneur le duc de Berry, et je demande à développer ma proposition. »

Dès les premières paroles du député de l'Aveyron, une vive émotion s'était emparée de la Chambre, et, quand il eut fini, un mouvement violent se produisit et de nombreux cris : « à l'ordre ! à l'ordre ! » se firent entendre. L'incident n'eut pas d'autre suite ; mais, comme le procès-verbal de cette séance, lu le 15 février, portait que la Chambre avait repoussé, par un mouvement violent d'improbation, la proposition de M. Clausel de Coussergues, plusieurs membres du côté droit, MM. de Castel-Bajac, Cornet d'Incourt, Benoist, demandèrent que le mot improbation fût retranché. Le beau-père de M. Decazes, M. de Saint-Aulaire, qui avait été préfet au début de la Restauration et qui s'était rallié au Gouvernement des Cent-Jours, s'écria qu'il n'y avait que cette seule réponse à faire à M. Clausel de Coussergues : » Vous êtes un calomniateur ! »

Après que le tumulte, auquel cette interruption donna naissance, se fut apaisé, M. Clausel de Coussergues vint déclarer qu'il persistait dans sa résolution, et déposa sur le bureau une proposition tendant à mettre M. Decazes en accusation, non plus comme complice de l'assassinat du duc de Berry, mais comme coupable de trahison. En voici d'ailleurs les termes : « Je propose à la Chambre d'accuser M. Decazes, président du Conseil, Ministre de l'Intérieur et de la police générale du royaume, du crime de trahison, aux termes de l'article 56 de la Charte. » Le procès-verbal de la séance du 14 février fut néanmoins adopté tel qu'il avait été rédigé. Mais, le 25 février, M. Decazes, attaqué avec une violence inouïe par les ultra-royalistes, se retira du pouvoir(1). La proposition de M. Clausel de Coussergues, considérée comme étant désormais sans objet, ne fut pas discutée par la Chambre. Son auteur la reproduisit peu de temps après, en y ajoutant de très grands développements, dans un ouvrage intitulé : *Projet de la proposition d'accusation contre M. le duc Decazes* (2).

Au lendemain des élections qui amenèrent la chute du Ministère présidé par M. de Villèle, le 14 juin 1828, M. Labbey de Pompierres saisit la Chambre des députés d'une proposition où étaient

(1) Chateaubriand écrivit à ce moment, en faisant allusion à la chute de M. Decazes : « Les pieds lui ont glissé dans le sang, et il est tombé. »

(2) Voici le titre complet de ce volume : *Projet de la proposition d'accusation contre M. le duc Decazes*, pair de France, ancien président du Conseil des ministres, ancien Ministre de l'Intérieur et de la police générale du royaume, à soumettre à la Chambre de 1820, par M. Clausel de Coussergues, membre de la Chambre des députés, conseiller à la Cour de cassation, chevalier de l'Ordre royal et militaire de Saint-Louis, officier de l'Ordre royal de la Légion-d'Honneur, à Paris, chez J. G. Dentu, imprimeur-libraire, 1820, 1 vol. in-8.

articulés les griefs contre le Cabinet dont M. de Villèle avait été le chef. Il signalait comme principaux motifs d'accusation : « L'introduction dans tous les offices des ennemis de l'État, la haine des institutions existantes, la suspension ou l'inexécution des lois, l'intolérance religieuse, la restriction des libertés, les destitutions arbitraires, la colère envers les corps indociles et jusqu'au mépris des Chambres. »

M. Labbey de Pompierres s'attachait ensuite à justifier sa proposition.

« *La haine des institutions* s'était manifestée à ses yeux, dit M. Lesur, dans la corruption des collèges électoraux, dans la proposition de la septennalité, et dans les tentatives du Ministère pour rétablir le droit d'aînesse et anéantir la liberté de la presse.

« *L'inexécution des lois et l'intolérance religieuse* lui paraissaient résulter de l'existence tolérée des Jésuites et de leurs établissements, ainsi que de la suprématie du culte dominant auquel tous les autres étaient sacrifiés.

« *La colère envers les corps indépendants* avait éclaté, selon l'orateur, par de honteuses vengeances ou de coupables outrages. Elle avait inspiré ces ordonnances dédaigneuses qui détruisaient des décisions judiciaires et censuraient la magistrature elle-même ; elle était manifeste dans ces destitutions arbitraires qui avaient frappé l'Académie, dans la radiation de trois cents généraux des cadres de l'armée, etc.

Enfin, *le mépris des Chambres* se montrait dans l'ignorance où le Ministère avait laissé les représentants de la France des événements qu'il leur eût été le plus nécessaire de connaître (1). »

Après avoir donné de grands développements à sa proposition (2), M. Labbey de Pompierres en déposa le texte sur le bureau. Il était ainsi conçu :

« J'accuse le dernier Ministère de trahison envers le roi, qu'il a tenté d'isoler du peuple ;

« Je l'accuse de trahison envers le peuple, qu'il a tenté de priver de la confiance du roi ;

« Je l'accuse de trahison, pour avoir attenté à la Constitution du pays et aux droits particuliers des citoyens ;

« Je l'accuse de concussion, pour avoir perçu des taxes non votées, et dissipé les deniers de l'État. »

Ces conclusions furent appuyées par tout le côté gauche. Un débat préliminaire s'éleva sur la rédaction de la proposition, dont les termes différaient de celle qui avait été primitivement déposée sur le bureau. Le président du Conseil, Ministre de l'Intérieur, M. de Martignac, releva avec une grande vivacité le passage où il était dit que les anciens ministres avaient isolé le roi du peuple et privé le peuple de la confiance du roi. « Non, le roi n'est pas isolé », s'écria-t-il, au milieu des acclamations du côté droit et des cris de : Vive le roi ! poussés des deux côtés de l'Assemblée. Lorsque l'émotion fut calmée, M. Labbey de Pompierres remplaça sa proposition par le texte suivant : « Je demande que la Chambre accuse les membres du dernier Ministère des crimes de concussion et de

(1) *Annuaire historique universel pour 1828*, p. 213.
(2) *Moniteur* du 15 juin 1828.

trahison. » La proposition, ainsi formulée, fut presque unanimement prise en considération par la Chambre. Elle fut renvoyée à une Commission, où se trouvaient quatre membres du côté gauche, deux de l'ancienne opposition royaliste, et trois du centre droit : MM. Mauguin, Girod (de l'Ain), le baron de Montbel, Raudot, le vicomte Dutertre, Benjamin Constant, Delalot, le comte de Lamezan, Agier. Cette Commission procéda à une enquête ; mais les ministres accusés refusèrent de lui communiquer les circulaires, instructions, rapports au roi et ordonnances intervenus dans les matières qui ressortissaient à chaque Département. La Commission fut donc réduite à chercher les éléments de sa conviction dans la notoriété publique, dans les pièces, dans les notions générales ou particulières qu'elle avait pu recueillir. Le 21 juillet, le rapporteur de la Commission, M. Girod (de l'Ain), présenta son rapport. En voici les conclusions :

« 1° Que les religieux n'avaient pas été appelés en secret, en France, par le dernier Ministère ;

« 2° Que la protection et la tolérance accordées aux Jésuites par le dernier Ministère étaient contraires aux lois ;

« 3° Que le rétablissement de la censure, en 1824 et en 1827, n'avait pas été exigé par les circonstances graves déterminées par la loi ;

« 4° Qu'il n'y avait pas eu défaveur de la part du dernier Ministère à l'égard des protestants ;

« 5° Qu'il y avait eu des destitutions arbitraires et blâmables de la part du dernier Ministère ;

« 6° Qu'il y avait eu dissipation de la fortune publique, à l'occasion de la guerre d'Espagne ;

« 7° Que, sur la question de savoir si cette dissipation de la fortune publique était imputable au dernier Ministère, et si le système politique qu'il avait suivi était contraire aux intérêts de la France, elle manquait de renseignements suffisants ;

« 8° Que le conseil donné de créer soixante-seize pairs, en 1827, était contraire aux intérêts de la couronne et du pays ;

« 9° Que la conduite de l'Administration, relativement aux troubles des 19 et 20 novembre 1827, avait été blâmable ;

« 10° Que plusieurs habitants de la Martinique avaient été détenus arbitrairement, et déportés illégalement au Sénégal ;

« 11° Que l'envoi au greffe de la Cour de cassation des pièces de ceux d'entre les habitants qui s'étaient pourvus avait été illégalement retardé pendant plusieurs mois ;

« 12° Que l'arrestation du colonel Caron, à Battenheim, avait été précédée, accompagnée et suivie de faits blâmables ;

« 13° Qu'il y avait eu, de la part de la dernière Administration, concession de certains droits et de certaines jouissances appartenant à l'État au profit des Chartreux de Grenoble et des Trappistes de la Meilleraie, et que d'autres concessions avaient été précédemment faites aux Chartreux de Grenoble. »

« Les faits relatifs au licenciement de la garde nationale de Paris, aux destitutions arbitraires et aux élections de 1824, ainsi que ceux concernant les habitants de la Martinique et les concessions aux Chartreux et aux Trappistes, avaient donné lieu à des résolutions négatives quant à l'accusation de trahison.

« Sur les autres questions, la majorité de la Commission avait été incertaine.

« Dans cet état de choses, une première question a été ainsi posée :

« *Proposera-t-on à la Chambre de dire qu'il y a lieu à accusation ?*

« Trois membres ont répondu : *Non.*

« Deux membres ont répondu : *Non, avec réserve de blâme.*

« Quatre membres ont répondu : *Oui, avec réserve d'instruire.*

« Or, de ce que la majorité décidait qu'il n'y avait pas lieu de proposer à la Chambre d'admettre dès à présent l'accusation, il ne s'en suivait pas que la Commission ne pût conclure à une instruction plus ample.

« Une seconde question avait donc été ainsi posée dans ces termes :

« *Proposera-t-on à la Chambre de dire qu'il y a lieu à instruire ?*

« Quatre membres ont répondu : *Oui.*

Un membre a répondu : *Oui, il y a lieu à instruire, mais sans blâme.*

« Trois membres ont répondu : *Non.*

« Un autre a répondu : *Non, parce que je crois que la Chambre étant plaignante, ne peut pas instruire.* »

En conséquence, la Commission proposa à la Chambre de « déclarer qu'il y avait lieu à instruire sur l'accusation de trahison proposée contre les membres du dernier Ministère. »

A la suite de la lecture du rapport de M. Girod (de l'Ain), M. de Montbel demanda que la discussion eût lieu immédiatement après la délibération sur la loi des dépenses que l'on discutait en ce moment. Mais, plusieurs membres du côté gauche soutinrent qu'il y aurait un grand inconvénient à séparer, par un débat d'une autre nature, la délibération des deux lois relatives aux dépenses et aux recettes de l'exercice 1829, et la Chambre adopta l'ajournement de la discussion jusqu'après le vote du budget. En réalité, cet ajournement devait être et a été indéfini. Il était évident, en effet, que, le budget voté, l'Assemblée ne se retrouverait plus assez nombreuse pour délibérer. Ainsi que le fait observer M. Lesur, les partisans et les adversaires de l'accusation « parurent tous deux y trouver quelque avantage, l'un de voir finir le scandale d'une accusation dont les griefs s'affaibliraient encore avec le temps ; l'autre, de tenir les anciens ministres dans un état de suspicion légale qui rendait leur retour aux affaires impossible. Les choses ont tourné comme on l'avait prévu. La disparition des députés après le vote du budget et la clôture de la session n'a pas permis de donner suite à la résolution de la Chambre... » (1)

(1) C.-L. Lesur, *Annuaire historique universel pour* 1828, p. 221. — Le 19 février 1829, M. Eusèbe de Salverte ayant proposé de passer à l'examen de la demande de mise en accusation présentée, l'année précédente, par M. Labbey de Pompierres, la Chambre refusa d'entrer en délibération à ce sujet, et M. Labbey de Pompierres annonça qu'il retirait sa proposition.

CHAPITRE IV

LA MONARCHIE DE JUILLET

Le Ministère Polignac. — Politique de résistance. — Adresse des 221. — Dissolution de la Chambre. — Elections du 23 juin 1830. — Succès de l'opposition. — Les Ordonnances du 25 juillet. — Les barricades dans Paris. — La bataille des trois jours. — Victoire du peuple. — Fuite de Charles X. — Louis-Philippe Ier, roi des Français. — Arrestation de quatre ministres de Charles X. — Proposition d'accusation de M. de Salverte. — La Commission de la Chambre. — Les attributions de la Chambre dans le cas d'une accusation contre les ministres. — Votes de la Chambre sur chacun des ministres. — Résolution de la Chambre des députés traduisant les ministres devant la Chambre des pairs. — Désignation de trois commissaires de la Chambre : MM. Bérenger, Persil et Madier de Montjau. — La procédure de la Chambre des pairs. — Supplément d'instruction. — Le rapport de M. de Bastard. — Analyse de ce rapport. — Conclusions de la Commission. — Arrêt de la Cour des pairs du 29 novembre 1830. — Ordonnance de prise de corps contre les ministres. — Le procès des ministres commence le 15 décembre 1830. — Interrogatoire des ministres et audition des témoins. — Discours de M. Persil, commissaire de la Chambre. — Le renversement de la royauté n'empêche pas les ministres d'être responsables. Plaidoyers de Mes de Martignac, Hennequin, Sauzet et Crémieux, défenseurs des accusés. — Répliques de MM. Bérenger et Madier de Montjau, commissaires de la Chambre, et de Me Martignac. — Clôture des débats. — Le délibéré. — Les votes rendus dans la Chambre du Conseil. — L'arrêt de la Cour des pairs. — Condamnation de MM. de Polignac, de Peyronnet, de Chantelauze, de Guernon-Ranville. — Arrêt du 11 avril 1831, relatif à MM. d'Haussez, Capelle et de Montbel,

contumaces. — La responsabilité des ministres sous la Charte de 1830. — Les articles 47 et 69. — Proposition de M. Duvaux (du Cher) sur la responsabilité des ministres, en 1832. — Prise en considération. — Projet de loi de M. Barthe, garde des sceaux, du 12 décembre 1832. — La Commission de la Chambre. — Rapport de M. Bérenger. — Nouveau projet de loi déposé, le 1er décembre 1834, par le garde des sceaux, M. Persil. — Discussion et vote de ce projet, en 1835. — Un autre projet est soumis à la Chambre des pairs et voté par elle. — Il n'est pas non plus converti en loi. — Le procès de Teste et de Cubières, devant la Cour des pairs, en 1847. — Vénalité du Ministre des Travaux publics du Cabinet du 29 octobre 1840. — Les dénégations de M. Teste. — Preuve de la culpabilité. — Tentative de suicide. — La condamnation de M. Teste. — Proposition d'accusation déposée par M. Odilon Barrot, le 22 février 1848, contre le Ministère Guizot. — La Révolution de Février.

Le Ministère présidé par M. de Martignac, battu à la Chambre des députés dans la discussion d'un projet de loi relatif à l'administration des départements et des communes, fut remplacé, le 9 août 1828, par un Ministère de résistance, qui avait à sa tête le prince Jules de Polignac, ancien émigré, devenu le conseiller le plus écouté de Charles X. Il comptait parmi ses membres le comte de Bourmont, tristement fameux par sa défection de 1815, et le comte de La Bourdonnaye, qui avait figuré parmi les plus fougueux royalistes de la Chambre introuvable. Nous n'avons point à rappeler ici la lutte ardente engagée par le dernier Cabinet de la Restauration contre le parti libéral. Nous nous bornerons à en citer les principaux incidents : l'Adresse des 221, la dissolution de la Chambre, les élections du 23 juin, qui assurèrent le triomphe de l'opposition libérale, enfin les Ordonnances du 25 juillet 1830.

Précédées d'un rapport au roi, rédigé par le garde des sceaux, M. de Chantelauze, et signé par tous les ministres, ces Ordonnances, au nombre de quatre, furent publiées dans le *Moniteur* du 26 juillet. La liberté de la presse était détruite. La Chambre des députés était dissoute. La représentation du pays était réduite de moitié ; l'élection devenait le privilège des propriétaires les plus imposés de chaque département ; enfin, le droit d'amendement était enlevé aux Chambres. Le roi et le Ministère avaient trouvé dans la Charte un article, jusqu'alors inaperçu, — l'article 14 — au moyen duquel ils avaient modifié, ou plutôt supprimé la Charte elle-même. A ce coup d'État, les journaux répondirent par une protestation, et le peuple de Paris par des barricades. La lutte ne dura que trois journées. Le 29 juillet, la royauté était vaincue et le roi en fuite. Quelques jours après, le duc d'Orléans devenait roi des Français sous le nom de Louis-Philippe Ier.

Les ministres, signataires des ordonnances, avaient fui, eux aussi, la colère du peuple. Quatre d'entre eux furent arrêtés, les trois autres réussirent à s'échapper et passèrent à l'étranger (1). Bientôt après, leur procès commença.

Lorsque la Révolution de 1830 avait éclaté, les seules dispositions légales concernant la responsabilité criminelle des ministres résidaient encore,

(1) M. de Polignac, déguisé en domestique et accompagnant la comtesse de Saint-Fargeau, fut arrêté à Granville et incarcéré à Saint-Lô. M. de Peyronnet, voyageant avec un courrier de M. de Rothschild, fut arrêté et emprisonné à Tours ; bientôt après, MM. de Chantelauze et de Guernon-Ranville, furent également arrêtés. Quant à MM. de Montbel, d'Haussez et Capelle, ils parvinrent à s'enfuir à l'étranger. (Alexandre Boltz, *Procès des derniers ministres de Charles X*, Paris, 1830, 2 vol. in-8° ; tome I, p. 7-8.)

comme en 1828, dans les articles 55 et 56 de la Charte de 1814. C'est dans ces conditions que s'ouvrit, devant la Chambre des pairs constituée en Cour de justice, le procès des ministres du roi Charles X.

Il importe de montrer comment fut instruit ce grand procès. La proposition de mise en accusation des ministres signataires des Ordonnances du 25 juillet avait été faite, le 6 août, par M. de Salverte. Développée à la tribune, elle avait été prise en considération, le 13, par la Chambre des députés, puis renvoyée à l'examen d'une Commission spéciale, dans les mêmes formes que toute autre proposition législative (1). Le 18 août 1830, M. Bérenger (de la Drôme), rapporteur, vint exposer de quelle manière la Commission avait compris sa mission. Alors fut soulevée la question de savoir quelles étaient au juste les attributions de la Chambre des députés. Devait-elle se borner à accuser dans le sens où l'on dit que le ministère public accuse, c'est-à-dire dénoncer les ministres inculpés de trahison ou de concussion, les traduire devant l'autorité qui les devait juger, et faire directement, ou par des commissaires délégués, les demandes et réquisitions convenables pour parvenir à la découverte de la vérité et à la punition des coupables? Ou bien pouvait-elle, en outre, interroger les accusés et, à cet effet, décerner contre eux des mandats? MM. Persil et Villemain soutinrent la première interprétation; MM. Thil, de Salverte, Mauguin, Bérenger et Dupin se pronon-

(1) Cette Commission était composée de MM. Daunou, Caumartin, Madier de Montjau, le baron Pelet, le baron Lepelletier d'Aulnay, Bertin de Vaux, Mauguin et de Salverte.

cèrent pour la seconde. Ils démontrèrent que la Chambre ne pouvait se décider qu'en pleine connaissance de cause et que, par conséquent, tant dans l'intérêt des inculpés que pour mettre elle-même sa conscience en sûreté, elle ne pouvait accuser qu'après avoir réuni, par des recherches et des enquêtes, de suffisantes présomptions de culpabilité. Conformément à leur avis, la Chambre adopta, le 20 août, par 186 voix sur 279 votants, une résolution ainsi conçue : « La Chambre autorise la Commission à exercer tous les pouvoirs appartenant aux juges d'instruction et aux Chambres du conseil. » Et, le 29 novembre, un arrêt rendu par la Cour des pairs reconnut formellement ces droits à la Chambre des députés.

En exécution de la résolution du 20 août, les quatre ex-ministres qui avaient été arrêtés, furent transférés au donjon de Vincennes, en vertu des mandats d'amener décernés par la Commission de la Chambre. Ils furent interrogés aussitôt, et, sur-le-champ, ces mandats furent convertis en mandats de dépôt. Des témoins furent ensuite entendus ; les pièces qui pouvaient servir d'éléments à l'accusation furent demandées aux divers Ministères et examinées avec un soin scrupuleux. M. Bérenger, en présentant à la Chambre son rapport définitif, dans lequel cette procédure était relatée, ajoutait que « partout les ordres et les mandats de la Commission, exécutés par les huissiers de la Chambre, avaient trouvé obéissance. »

La Chambre des députés décida ensuite qu'elle voterait, au scrutin secret, sur chaque inculpé et que, pour chacun, elle articulerait les faits et circonstances susceptibles de rentrer dans les définitions de crimes contenues dans le Code pénal (1). Les votes concernant chacun des inculpés, émis dans les séances des 27 et 28 septembre, donnèrent les résultats suivants :

	Nombre des Votants	Boules blanches — Pour l'accusation	Boules noires — Contre l'accusation
Sur MM. de Polignac.	291	244	47
de Peyronnet	286	232	54
de Chandelauze . . .	297	222	75
de Guernon-Ranville.	289	215	74
d'Haussez, contumace	279	213	66
bar. Capelle —	263	202	61
de Montbel —	256	187	69

Voici le texte de la résolution adoptée ensuite par la Chambre des députés :

« La Chambre des députés accuse de trahison MM. de Polignac, de Peyronnet, Chantelauze, de Guernon-Ranville, d'Haussez, Capelle et de Montbel, ex-ministres, signataires des Ordonnances du 25 juillet,

« Pour avoir abusé de leur pouvoir, afin de fausser les élections et de priver les citoyens du libre exercice de leurs droits civiques ;

« Pour avoir changé arbitrairement et violemment les institutions du royaume ;

« Pour s'être rendus coupables d'un complot attentatoire à la sûreté intérieure de l'État ;

« Pour avoir excité la guerre civile, en armant ou en portant les citoyens à s'armer les uns contre les autres, et avoir porté la dévastation et le massa-

(1) Cauchy, *Les Précédents de la Cour des pairs*. Paris, imprimerie royale, 1839, 1 vol. in-8°, p. 644.

cre dans la capitale et dans plusieurs autres communes,

« Crimes prévus par l'article 56 de la Charte de 1814, et par les articles 91, 109, 110, 123 et 125 du Code pénal.

« En conséquence, la Chambre des députés traduit MM. de Polignac, de Peyronnet, Chantelauze, de Guernon-Ranville, d'Haussez, Capelle et de Montbel, devant la Chambre des pairs. »

Après avoir voté cette résolution, la Chambre des députés décida qu'elle ne paraîtrait pas en corps devant la Chambre des pairs pour soutenir l'accusation, mais qu'elle se ferait représenter à la barre de l'autre Chambre par trois commissaires, qui furent élus, le 29 septembre, au scrutin de liste. Ce furent MM. Bérenger, Persil et Madier de Montjau. La Chambre des pairs, après une discussion à laquelle prirent part plusieurs orateurs, entre autres MM. de Pontécoulant, Portalis, Decazes et Lainé, donna son complet assentiment à cette manière de procéder. Plus tard, elle admit les commissaires de la Chambre des députés à la lecture du rapport. Les deux Chambres tombèrent d'accord sur ce point que les pouvoirs des commissaires expiraient naturellement au moment où il était statué sur l'accusation par un arrêt définitif, et que c'était au Gouvernement, en la personne du Ministre de la Justice, à faire exécuter l'arrêt.

Voici maintenant quelle fut la procédure que suivit la Chambre des pairs. Le 1er octobre, elle reçut le message de la Chambre des députés, contenant envoi de la résolution qui accusait les ministres, et l'acte qui nommait les commissaires chargés de soutenir l'accusation. Elle rendit aussitôt un arrêt portant qu'elle s'ajournait au 4 octobre « à l'effet de procéder ainsi qu'il appartiendrait sur ladite résolution ». Le 4 octobre, la Cour des pairs désormais constituée, rendit un arrêt ordonnant un supplément d'instruction. Le président, M. Pasquier, fut chargé de procéder à ce supplément d'instruction, avec faculté de s'adjoindre un ou plusieurs pairs pour l'assister dans ces fonctions. Il s'adjoignit MM. le baron Séguier, le comte Bastard de Lestang et le comte de Pontécoulant.

M. de Bastard, chargé du rapport, le présenta à la Cour des pairs le 29 novembre. Après avoir rappelé l'Adresse des deux cent vingt et un, suivie de la dissolution de la Chambre des députés, la retraite de MM. de Chabrol et de Courvoisier, l'entrée au Ministère de MM. de Peyronnet, Capelle et de Chantelauze, les élections qui envoyèrent à la Chambre une majorité plus nombreuse et plus hostile aux desseins des ministres que la majorité ancienne, le rapporteur arriva aux explications fournies par les ministres au sujet de leur participation aux Ordonnances du 25 juillet et aux événements qui en furent la suite. Il fit ressortir qu'en ce qui concerne l'article 14 de la Charte, MM. de Polignac, de Peyronnet, de Chanlauze et de Guernon-Ranville déclaraient tous que, s'il y avait eu discussion dans le Conseil sur la nécessité de la mesure, personne n'avait contesté le droit qu'avait le roi de la prendre. « Tout le Conseil, disaient-ils, s'accordait à le lui reconnaître. » M. de Bastard examina ensuite les Ordonnances du 25 juillet dans lesquelles il voyait plusieurs violations de la Charte. « Dans la réalité, dit-il, ces actes déchiraient les lois et changeaient les formes du Gouvernement; ils en déplaçaient les bases. » Il mit en lumière la culpabilité du président du Conseil dans l'arrestation projetée des journalistes et même des députés, ainsi que dans la mise en état de siège de la capitale et dans la résistance qu'il avait opposée à la suspension des hostilités. Tout en admettant que d'autres ministres avaient montré des dispositions plus conciliantes, le rapporteur les déclara néanmoins coupables à des degrés divers, « car, à ses yeux, leur crime capital, le véritable objet de la poursuite, était la signature des Ordonnances (1) ».

Dans la seconde partie de son rapport, M. de Bastard s'étendait sur les recherches auxquelles les incendies qui venaient de désoler la France avaient donné lieu. Il était impossible de dire s'ils étaient ou non le résultat d'un affreux complot, mais il suffisait d'ajouter « que rien n'annonçait qu'aucun des membres du dernier Ministère eût conçu ces complots, qu'il les eût appuyés; et qu'ainsi, l'on devait écarter du nombre des faits qui leur étaient imputés tout ce qui avait rapport à ces attentats exécrables (2) ».

La troisième partie du rapport avait pour objet de vérifier ou de reconnaître la compétence de la Cour des Pairs, et de répondre aux objections préjudicielles déjà faites par les accusés. De la comparaison des articles 55 et 56 de la Charte de 1814 et 47 de la Charte de 1830, il résultait que si,

(1) C. L. Lesur, *Annuaire historique universel pour 1830*, p. 425.
(2) *Procès des derniers ministres de Charles X*, t. I, p. 334-335.

d'après la Charte de 1830, les ministres pouvaient être accusés de toutes sortes de crimes ou de délits prévus par le Code pénal, tout au contraire, suivant la Charte de 1814, dont les dispositions devaient être appliquées dans le procès actuel, ils ne pouvaient être accusés que de *trahison* ou de *concussion*. Or la trahison et la concussion n'ayant été définies par aucune loi, on pouvait en conclure, comme l'avaient fait les défenseurs des accusés, qu'une telle accusation était impossible. Cette conclusion avait paru inadmissible à la Commission. Il s'agissait de crimes politiques, de responsabilité ministérielle, ainsi que de l'indépendance et de la sûreté de l'État. Le rapporteur ajoutait :

« Sans doute, disait-il, la sûreté et la liberté d'un citoyen doivent être préférées à la répression d'un trouble ou d'un désordre que le législateur a négligé de signaler. Si la société souffre de cette omission, le mal est réparable pour l'avenir, et il serait injuste qu'une peine quelconque atteignît celui qui n'aurait pas été préalablement averti par un texte exprès de la loi, puisqu'il n'aurait pas enfreint ses défenses ; mais il n'en saurait être ainsi lorsque la sûreté et la liberté du pays ont été mises en danger par ceux-là mêmes qui doivent veiller à leur conservation ; car la liberté et la sûreté de tous sont préférables à celles de quelques-uns. De si audacieux abus de la puissance publique sont souvent irréparables. Ceux qui les commettent se mettent en guerre avec la société ; elle ne peut demeurer désarmée contre leur attaque. La justice politique n'est pas seulement du droit public, elle est du droit des gens ; elle est inhérente au droit naturel, qui appartient à chaque peuple, de veiller à sa propre conservation; elle ne doit, elle ne peut donc jamais manquer ni de tribunaux ni de lois.

« Il y avait quelque témérité dans la promesse contenue dans l'article 56 de la Charte de 1814, et il n'était peut-être pas au pouvoir du législateur de spécifier ou de définir à l'avance tous les faits qui peuvent compromettre l'indépendance du pays, ou porter atteinte à sa Constitution; enfin, par quelque motif que ce soit, et quoi qu'on en puisse penser, cette promesse n'a point été tenue. En cet état, c'est à la Chambre des députés qui accuse, et à la Cour des pairs qui juge, à suppléer à l'absence d'une définition légale appliquée au crime de trahison. Les actes d'un tel procès ne sont pas seulement judiciaires, ils participent nécessairement du caractère législatif, et, en effet, la puissance qui, en cette matière règle la procédure, qualifie les faits, détermine la peine, en même temps qu'elle statue sur toutes ces choses en principe, et qui fait aussitôt, et presque simultanément, l'application du principe, crée la loi, et en use à l'instant même pour prononcer le jugement. Ainsi le commande la nécessité qui proroge tous les pouvoirs, et qui est la plus impérieuse et la plus irréfragable des lois (1). »

Après avoir établi les règles de la compétence, M. de Bastard, passant à la qualification du crime dont les ministres étaient accusés, signalait comme le principal des faits qui leur étaient imputés, ce-

(1) Alexandre Boltz, *Procès des derniers ministres de Charles X*, tome I, p. 337-339.

lui auquel se rattachaient tous les autres, « d'avoir conseillé au roi les mesures illégales et inconstitutionnelles consacrées par les Ordonnances du 25 juillet, et de les avoir contresignées ». Il poursuivait ainsi :

« Il est évident que ces mesures tendaient à changer arbitrairement et violemment les institutions du royaume. Si elles ont été conseillées au roi par suite d'un concert entre ses ministres, ce concert, attentatoire à la sûreté intérieure de l'État, aggraverait sans doute leur culpabilité, mais ne changerait pas la nature du crime et n'en constituerait qu'une circonstance accessoire. Cette guerre civile de peu de jours, grâce à la résolution vigoureuse et au généreux courage des citoyens, les dévastations et le massacre qui en ont été les suites, ne sont encore que des circonstances accessoires du fait principal. Toutefois, la gravité de ces circonstances est telle, qu'elles auraient pu seules imprimer le caractère de trahison à des conseils moins pernicieux, à des actes moins illégaux que les Ordonnances du 25 juillet, surtout si l'on venait à découvrir que leurs sanglantes conséquences avaient été prévues ou préméditées (1). »

Après avoir complètement reconnu la compétence de la Cour, le rapporteur examinait la question de savoir si cette compétence pouvait s'étendre à des intérêts purement civils, à des demandes en intervention adressées à la Cour par des citoyens qui réclamaient des condamnations pécuniaires contre les accusés à titre de dommages et intérêts, à

(1) Alexandre Boltz, *Procès des derniers ministres de Charles X*, tome I, p. 342.

raison des pertes qu'ils avaient éprouvées dans ces désastreux événements. Il concluait que ces réclamations ne pouvaient être admises (1).

Par tous ces motifs, la Commission proposait de passer immédiatement au jugement des quatre ministres actuellement placés sous la main de la justice, et d'attendre, pour les trois autres, que toutes les formalités relatives aux contumaces fussent remplies. Le rapport de M. de Bastard se terminait ainsi :

« Quelque pénible qu'ait été la mission que nous avons reçue de votre confiance, nous nous sommes efforcés de la remplir avec cette impartialité du magistrat, à laquelle refusent toujours de croire dans les temps d'agitation politique, ceux que la justice n'a pas servis au gré de leurs intérêts ou de leurs passions. En présence de ces accusés tombés du faîte du pouvoir, et sur lesquels pèse l'attente d'un si grand jugement, en présence de la patrie outragée qui demande une éclatante réparation et des garanties pour l'avenir, nous n'avons écouté que notre conscience, nos devoirs et la vérité. »

La Cour des pairs délibéra ensuite sur ce rapport et les pièces annexées, et se déclara compétente, tant à cause de la qualité des personnes que de la nature des faits qui leur étaient imputés. Voici le texte de cet arrêt du 29 novembre 1830 :

(1) Voici le passage de l'arrêt de la Cour des pairs, du 29 novembre, qui vise ce point :
« Considérant que, dans le procès porté devant elle par la résolution de la Chambre des députés, la Cour des pairs, à raison de la nature de l'action et des formes dans lesquelles cette action est poursuivie, ne se trouve pas constituée de manière à statuer sur des intérêts civils ;
« La Cour déclare que, dans lesdits débats, ne seront appelés ni reçus aucun intervenant ou partie civile, tous leurs droits réservés pour se pourvoir, s'il y a lieu, ainsi qu'ils aviseront. » (Cauchy, *Les précédents de la Cour des pairs*, p. 668.)

« Considérant que, par la résolution de la Chambre des députés susdatée, les sieurs de Polignac, de Peyronnet, Chantelauze, Guernon de Ranville, d'Haussez, Capelle et de Montbel sont accusés et traduits devant la Cour des pairs pour fait de trahison, comme ayant conseillé et contre signé les Ordonnances du 25 juillet ;

« Considérant que, tant à cause de la qualité des personnes que de la nature des faits qui leur sont imputés, la Cour des pairs est seule compétente pour les juger ;

« La Cour ordonne que Auguste-Jules-Armand-Marie, prince de Polignac, etc., seront pris au corps et traduits dans la maison du Petit-Luxembourg, que la Cour désigne pour servir de maison de justice près d'elle ; sur les registres de laquelle maison ils seront écroués par tout huissier de la Cour, de ce requis ;

« Ordonne que la résolution de la Chambre des députés, du 28 septembre dernier, sera annexée au présent arrêt, pour le tout être notifié, tant à chacun des accusés détenus qu'aux accusés absents, mais sans que l'instruction de la contumace, à l'égard de ces derniers, puisse retarder le jugement des détenus ;

« Ordonne que les débats s'ouvriront au jour qui sera ultérieurement indiqué par le président de la Cour, de laquelle indication il sera donné connaissance, au moins dix jours à l'avance, tant à MM. les commissaires de la Chambre des députés, qu'à chacun des accusés présents ;

« Ordonne que le présent arrêt sera transmis au garde des sceaux, Ministre secrétaire d'État au département de la Justice, pour qu'il en procure l'exécution (1). »

Le procès des ministres devant la Cour des pairs commença le 15 décembre 1830. Une grande agitation se manifestait dans la capitale. Il avait fallu fortifier, par des grilles et des enceintes en charpente solide, le Petit-Luxembourg qui, depuis le 10 décembre, servait de prison aux accusés (2). Plus de deux mille hommes de garde nationale, de police et de troupes de ligne, durent être commandés pour le service de chaque jour. « Les précautions les plus minutieuses avaient été prises, dit M. Lesur, pour donner de la solennité et de la publicité aux débats de cette mémorable cause ; des places étaient réservées, malgré la petitesse de la salle, au corps diplomatique, à la Chambre des députés, à la Cour de cassation et à la Cour des comptes, aux tribunaux et au barreau de Paris, aux journalistes, et même à un certain nombre d'élèves des Écoles de droit, de médecine et Polytechnique, dont on crut important de prévenir les demandes ou les plaintes (3). »

La cause s'ouvrit, comme aux Cours d'assises, par des questions adressées aux accusés sur leurs noms, âge et qualités (4). Trois d'entre eux, MM. de Pey-

(1) Cauchy, *Les précédents de la Cour des pairs*, p. 666-667.

(2) Les quatre ministres furent extraits du château de Vincennes, le 10 décembre, à 7 heures du matin, sur un ordre du président de la Cour des pairs, notifié au commandant du château.

(3) *Annuaire historique de 1830*, p. 430.

(4) Voici les réponses des accusés à ces questions :

1er Auguste-Jules-Armand-Marie, prince de Polignac, pair de France, âgé de cinquante ans, né à Paris.

2e Pierre-Denis, comte de Peyronnet, âgé de cinquante-deux ans, né à Bordeaux, domicilié à Monferron.

3e Jean-Claude-Balthazar-Victor de Chantelauze, ancien Ministre de la Justice, âgé de quarante-trois ans, né à Montbrison.

4e Martial-Côme-Annibal-Perpétue-Magloire, comte de Guernon-Ran-

ronnet, de Chantelauze et de Guernon-Ranville, renouvelèrent et remirent sur le bureau les protestations et réserves qu'ils avaient faites dans leurs premiers interrogatoires, et en demandèrent l'insertion au procès-verbal. Puis, le président, M. le baron Pasquier, donna la parole aux commissaires de la Chambre des députés, chargés de poursuivre l'accusation. Ces commissaires, nous l'avons dit, étaient au nombre de trois : MM. Bérenger, Persil et Madier de Montjau. M. Bérenger exposa l'objet et les moyens de l'accusation. Puis, après l'appel des témoins, au nombre de quarante et un, dont trente et un cités sur la demande des commissaires de la Chambre des députés, et dix sur celle des défenseurs, le président procéda à l'interrogatoire des ministres accusés. La fin de l'audience du 15 et les audiences des 16 et 17 décembre furent consacrées à l'audition des témoins.

Le 18, M. Persil, l'un des commissaires de la Chambre des députés, prit la parole. Il commença par rappeler la résignation avec laquelle la France avait accepté le retour des Bourbons et l'octroi de la Charte, quoique présentés sous les baïonnettes étrangères. Il parla ensuite des changements opérés dans le Ministère, des élections faussées, des Ordonnances rendues en violation des droits les plus sacrés, de la guerre civile éclatant dans le sein de la capitale inondée de sang, de l'opiniâtre entê-

ville, ex-ministre et député de Maine-et-Loire, âgé de quarante-trois ans né à Caen.

(*Procès des derniers ministres de Charles X*, tome I, p. 366-367.)

Les trois autres :

MM. d'Haussez, ancien Ministre de la Marine ; Capelle, ancien Ministre des Travaux publics, et de Montbel, ancien Ministre des Finances, ont été compris dans la procédure comme contumaces.

tement des ministres, de la chute du trône de Charles X et de la mise en accusation de M. de Polignac et de ses collègues. Il examina, dans la deuxième partie de son discours, le mérite de cette accusation. Posant la nécessité de la responsablilité ministérielle, et par conséquent de la poursuite, M. Persil s'éleva contre les protestations faites au nom des accusés au sujet des informations suivies par les commissaires de la Chambre des députés. Il contesta également la doctrine énoncée dans le rapport de M. de Bastard sur le droit qu'en l'absence des lois spéciales ou positives qui devaient définir la trahison et la concussion, les deux Chambres, celle des députés qui accuse et celle des pairs qui juge, auraient d'y suppléer, c'est-à-dire de qualifier les faits, de déterminer la peine, de créer la loi, et d'en user à l'instant même pour prononcer le jugement. Il soutint qu'on devait recourir, à défaut d'une loi spéciale et nouvelle, aux définitions du Code pénal, et même à l'article 72 de la Constitution de l'an VIII, qui rendait les ministres responsables de tout acte inconstitutionnel ou contraire à la Constitution, aux lois et aux règlements.

M. Persil examina ensuite l'objection des défenseurs que la responsabilité des ministres n'était motivée que sur l'inviolabilité de la personne du roi, et que, du moment qu'on n'avait point respecté celle-ci, le droit était épuisé sur l'autre. Cette objection, suivant lui, n'était fondée ni en morale, ni en politique, ni en raison, ni en droit. La morale la plus commune exige que tous ceux qui ont commis la faute en supportent les conséquences. Sans les ministres, sans leur intervention indispensable, sans leur signature, l'impuissance du monarque eût fait taire sa volonté et sauvé, malgré lui, la France de ces épouvantables calamités. « Qu'importe après cela, s'écria M. Persil, le sort réservé au roi et à sa dynastie ? Les ministres en sont-ils personnellement moins coupables pour avoir vu périr, par leur faute, une monarchie de huit siècles qu'ils avaient pris l'engagement de diriger et de conduire, et qui, avec la France, avec l'Europe entière, pourra éternellement leur reprocher ses malheurs publics et les troubles qu'en partant elle aura peut-être légués au monde?... La défaite des Bourbons n'empêche pas la responsabilité des ministres. Ceux-ci seront punis, parce qu'ils auront criminellement administré ; ceux-là auront cessé de régner parce qu'ils n'étaient pas à la hauteur ni des besoins, ni des lumières de leur siècle (1). »

En terminant, M. Persil démontra qu'on n'avait pu invoquer l'article 14 de la Charte pour dénaturer ou détruire la Charte. Il signala les Ordonnances comme la violation la plus criminelle de la Constitution et la plus coupable excitation à la guerre civile.

Après M. Persil, la Cour des pairs entendit les défenseurs des accusés. Le plaidoyer de Me de Martignac pour M. de Polignac, remarquable de mouvement, de chaleur, de sensibilité, fut terminé par un touchant appel à la générosité du peuple français. Après lui, M. de Peyronnet prit la parole pour raconter sa vie. Puis, ce fut le tour de son défenseur, Me Hennequin. Le défenseur de M. de Chantelauze, Me Sauzet, du barreau de Lyon, se

(1) *Procès des derniers ministres de Charles X*, t. II, p. 234-235.

livra à une vive attaque contre la liberté de la presse, telle qu'elle existait en juillet 1830, qui était, disait-il, absolument incompatible avec le gouvernement des Bourbons. Enfin, Me Crémieux présenta la défense de M. de Guernon-Ranville (1)

Deux des commissaires de la Chambre, M. Bérenger et M. Madier de Montjau, s'attachèrent à réfuter les arguments des défenseurs. « Ce grand débat touche à sa fin, » dit M. Bérenger en concluant. C'est vous, messieurs, qui allez le terminer souverainement, irrévocablement, avec indépendance, avec dignité : ce ne sont pas seulement les hommes que vous avez à juger, ce sont les actes, ce sont les doctrines... C'est le parjure que vous allez frapper de réprobation ; car votre jugement atteindra plus haut encore que les ministres coupables ; il servira de leçon aux rois... ; il effraiera tous les hommes, à quelque rang que la fortune les place, qui seraient tentés de violer les droits des peuples, ou de manquer à leurs serments ; il consacrera à jamais le principe de la responsabilité, principe sans lequel, hélas ! nous le voyons, il n'y a que trouble, désordre et anarchie. Vous assurerez donc, par un exemple sévère, le repos des nations, et cet exemple, croyez-le, ne sera pas sans fruit pour l'affermissement des trônes (2). »

Après la réplique de Me de Martignac, et quelques paroles prononcées par les autres défenseurs des accusés, M. Bérenger s'adressa en ces termes à la Cour : « Pairs de France, notre mission est finie ; la vôtre va commencer. La résolution de la

(1) Voir ces plaidoiries dans le tome II du *Procès des derniers ministres de Charles X*, p. 269-531.
(2) *Ibid.*, p. 555.

Chambre des députés est devant vous, le livre des lois est sous vos yeux : le pays attend, il espère ; il obtiendra bonne et sévère justice (1). »

Le président, M. Pasquier, prononça ensuite, d'une voix solennelle, la clôture des débats ; on fit sortir les accusés, et la Cour se retira dans la galerie, dite de Rubens, pour délibérer.

« Il était environ deux heures de l'après-midi, dit M. Lesur, lorsque l'audience publique fut levée. La délibération de la Cour fut longue, moins par dissentiment d'opinions, dit-on, qu'à cause des questions à poser.

« La Cour avait d'abord décidé que, sans s'arrêter au réquisitoire des commissaires chargés de soutenir l'accusation, il ne serait pas posé d'autre question que celle de *trahison*, à définir dans l'absence d'une loi spéciale, question unique, qui fut posée séparément à l'égard de chaque accusé, et qui donna lieu à deux tours d'opinion, où tous les pairs furent successivement appelés à émettre leur vote à haute voix. Il ne se trouvait plus alors qu'un nombre de 156 votants. La culpabilité fut prononcée, pour les quatre accusés, à une majorité de 132 à 136 voix, contre 20 à 24. La délibération, suspendue pendant une heure, reprise vers six heures, pour déterminer l'application de la peine, offrit plus de différence dans l'énoncé et le résultat des votes.

« Une forte majorité (128) s'était prononcée, contre M. de Polignac, pour la déportation ; 4 voix seulement pour l'application de la peine capitale, le

(1) Voir ces plaidoiries dans le tome II du *Procès des derniers Ministres de Charles X*, p. 584-585.

reste pour une prison perpétuelle. Il y avait eu, à l'égard de M. de Peyronnet, 87 voix pour la prison perpétuelle, 68 pour la déportation, et une pour la détention limitée ; sur M. de Chantelauze, 138 voix pour la prison perpétuelle, 14 pour la déportation, et 4 pour une détention limitée ; sur M. de Guernon-Ranville, 140 voix pour la prison perpétuelle et 16 pour la déportation (1). »

L'arrêt fut rédigé et signé séance tenante par tous les pairs. La Cour rentra en audience publique à dix heures du soir, et le président, M. Pasquier, donna lecture de l'arrêt suivant :

« La Cour des pairs, vidant son délibéré ;

« Vu la résolution de la Chambre des députés ;

« Ouï les commissaires de la Chambre des députés en leurs dires et réquisitoires, et les accusés en leur défense ;

« Considérant que, par les Ordonnances du 25 juillet, la Charte constitutionnelle de 1814, les lois électorales et celles qui assuraient la liberté de la presse ont été manifestement violées, et que le pouvoir royal a usurpé la puissance législative ;

« Considérant que, si la volonté personnelle du roi Charles X a pu entraîner la détermination des accusés, *cette circonstance ne saurait les affranchir de la responsabilité légale* ;

« Considérant qu'il résulte des débats qu'Auguste-Jules-Armand-Marie, prince de Polignac, en sa qualité de Ministre secrétaire d'État des Affaires étrangères, de Ministre de la Guerre par *intérim*, et de président du Conseil des ministres ; Pierre-Denis, comte de Peyronnet, en sa qualité

(1) *Annuaire historique universel pour 1830*, p. 455-456.

de Ministre secrétaire d'État de l'Intérieur ; Jean-Claude-Balthazar-Victor de Chantelauze, en sa qualité de garde des sceaux, Ministre secrétaire d'État de la Justice, et Martial-Côme-Annibal-Perpétue-Magloire, comte de Guernon-Ranville, en sa qualité de Ministre secrétaire d'État des Affaires ecclésiastiques et de l'Instruction publique, responsables, aux termes de l'article 13 de la Charte de 1814, ont contresigné les Ordonnances du 25 juillet dont ils reconnaissent eux-mêmes l'illégalité, qu'ils se sont efforcés d'en procurer l'exécution et qu'ils ont conseillé au roi de déclarer la ville de Paris en état de siège, pour triompher, par l'emploi des armes, de la résistance légitime des citoyens ;

« Considérant que ces actes constituent le crime de trahison, prévu par l'article 56 de la Charte de 1814 ;

« Déclare :

« Auguste-Jules-Armand-Marie, prince de Polignac ;

« Pierre-Denis, comte de Peyronnet ;

« Jean-Claude-Balthazar-Victor de Chantelauze ;

« Et Martial-Côme-Annibal-Perpétue-Magloire, comte de Guernon-Ranville ;

« Coupables du crime de trahison ;

« Considérant qu'aucune loi n'a déterminé la peine de la trahison, et qu'ainsi la Cour est dans la nécessité d'y suppléer ;

« Vu l'article 7 du Code pénal, qui met la déportation au nombre des peines afflictives et infamantes ;

« Vu l'article 17 du même Code, qui porte que la déportation est perpétuelle ;

« Vu l'article 18, qui déclare qu'elle emporte la mort civile ;

« Vu l'article 25 du Code civil, qui règle les effets de la mort civile ;

« Considérant qu'il n'existe, hors du territoire continental de la France, aucun lieu où les condamnés à la peine de la déportation puissent être transportés et détenus,

« Condamne le prince de Polignac à la prison perpétuelle sur le territoire continental du royaume ; le déclare déchu de ses titres, grades et ordres ; le déclare mort civilement, tous les autres effets de la peine de la déportation subsistant, ainsi qu'ils sont réglés par les articles précités ;

« Ayant égard aux faits de la cause, tels qu'ils sont résultés des débats,

« Condamne le comte de Peyronnet, Victor de Chantelauze et le comte de Guernon-Ranville à la prison perpétuelle ; ordonne qu'ils demeureront en état d'interdiction légale, conformément aux articles 28 et 29 du Code pénal ; les déclare pareillement déchus de leurs titres, grades et ordres ;

« Condamne le prince de Polignac, le comte de Peyronnet, Victor de Chantelauze et le comte de Guernon-Ranville, personnellement et solidairement, aux frais du procès.

« Ordonne qu'expédition du présent arrêt sera transmise à la Chambre des députés, par un message ;

« Ordonne qu'il sera imprimé et affiché à Paris, et dans toutes les autres communes du royaume, et transmis au garde des sceaux, Ministre secrétaire d'État au département de la Justice pour en assurer l'exécution.

« Fait et prononcé au palais de la Cour des pairs, où siégeaient MM... lesquels ont signé... »

Plus tard, par un arrêt du 11 avril 1831, la Cour des pairs, prononçant sur la contumace des trois autres ministres compris dans l'accusation, baron d'Haussez, baron Capelle et comte de Montbel, les condamna à la prison perpétuelle.

Ainsi finit ce grand drame judiciaire. Le procès des ministres de Charles X avait fait regretter, une fois de plus, l'absence d'une loi réglementant la responsabilité criminelle des ministres.

La Charte du 14 août 1830 avait apporté une importante modification aux dispositions de la Charte de 1814 relativement à la responsabilité criminelle des ministres. Au lieu d'être restreint aux seuls cas de trahison et de concussion, comme le portait l'article 56 de la Charte de 1814, l'article 47 de la Charte du 14 août 1830 établissait une responsabilité générale des ministres pour les crimes et délits. Voici le texte de cet article : « art. 47. — La Chambre des députés a le droit d'accuser les ministres et de les traduire devant la Chambre des pairs, qui seule a celui de les juger. » L'article 69 de la Charte disposait, en outre, qu'il serait ultérieurement pourvu, et dans le plus court délai possible, par une loi particulière, à la responsabilité des ministres et des autres agents du pouvoir. Disons toutde suite que cette promesse n'a pas été davantage tenue que celle de l'article 56 de la Charte de 1814. Mais plusieurs projets ont été présentés aux Chambres de la Monarchie de Juillet, les uns émanant de l'initiative parlementaire, les autres de l'initiative ministérielle. Nous allons en donner un aperçu sommaire.

Le 3 décembre 1832, un député, M. Devaux (du Cher), présenta une proposition de loi qui avait pour objet de remplir cette promesse des auteurs de la Charte. Il en développa les dispositions devant la Chambre. Ce projet, qui fut pris en considération, établissait trois modes de responsabilité : la responsabilité politique, la responsabilité criminelle et la responsabilité civile des ministres. Il définissait la trahison et la concussion, et indiquait les peines applicables à ces crimes.

Quelques jours après, le 12 décembre, le garde des sceaux, M. Barthe, apporta un projet de loi sur la responsabilité des ministres et des agents du Gouvernement. Aux deux cas spécifiés par la Charte de 1814, le Gouvernement de 1832 avait ajouté une incrimination nouvelle : les ministres pouvaient être accusés désormais pour faits de trahison, de concussion et de *prévarication*. Était passible des peines contre la prévarication « le ministre qui compromettait sciemment les intérêts de l'État par la violation ou l'inexécution des lois, ou par l'abus du pouvoir qui lui était légalement conféré ».

Ce projet subit beaucoup de péripéties. La Commission nommée par la Chambre des députés et son éminent rapporteur, M. Bérenger (de la Drôme), voulaient profiter de l'occasion pour régler, par un projet de loi unique, la juridiction générale de la Cour des pairs en matière criminelle et la responsabilité civile des ministres. Le Gouvernement n'y voulait point consentir. De là un dissentiment, dont la persistance empêcha l'adoption définitive, par les Chambres de la Monarchie de Juillet, d'une loi sur la responsabilité criminelle des ministres.

Le 1er décembre 1834, M. Persil, garde des sceaux, présenta un nouveau projet de loi, dont voici les quatre articles les plus importants :

« Art. 1er. — Les actes émanés du roi, dans l'exercice de l'autorité royale, ne sont exécutoires que sous la responsabilité d'un ministre.

« Quiconque fait exécuter un acte émané du roi, dans l'exercice de l'autorité royale, non contresigné par un ministre, est personnellement responsable de cette exécution.

« Art. 2. — La mise en accusation des ministres ne peut être ordonnée que par la Chambre des députés. Elle n'a lieu que *pour fait de trahison, de concussion ou de prévarication.*

« Art. 3. — Il y a trahison de la part des ministres :

« 1° Lorsque, par des ordres donnés, des actes faits ou méchamment omis, des plans concertés et arrêtés, ils attentent à la sûreté de la personne du roi, ou de la reine, ou de l'héritier présomptif de la couronne au premier et au deuxième degré, ou du régent du royaume ;

« 2° Lorsque, par les mêmes faits, ils attentent à la sûreté intérieure ou extérieure de l'État, à la Charte constitutionnelle et aux droits qu'elle garantit, à l'ordre de succession au trône et à l'autorité constitutionnelle du roi et des Chambres.

« Art. 5 — Il y a prévarication de la part des ministres, lorsqu'ils compromettent à dessein les intérêts de l'État par la violation ou l'inexécution des lois, ou par l'abus du pouvoir qui leur est légalement conféré. »

Le projet de loi déposé par M. le garde des

sceaux Persil ne donnait guère satisfaction aux vœux que la Chambre des députés avait deux fois déjà manifestés, par l'organe de ses Commissions, dans cette importante question. Ce projet reproduisait, il est vrai, les dispositions des projets précédents approuvés par les Commissions et relatives à la responsabilité criminelle des ministres pour faits de trahison, de concussion et de prévarication, ainsi qu'au droit de les mettre en accusation attribué à la Chambre élective, et à l'exercice des fonctions judiciaires déférées à la Chambre des pairs. Mais le principe de la responsabilité civile des ministres envers l'État sur leur fortune personnelle, ce principe que le Ministère, en conformité de l'avis de la première Commission, avait consenti à introduire dans le second projet de loi, avait disparu du projet de M. Persil. Le projet s'écartait également des vues des Commissions de la Chambre en ne statuant pas sur la juridiction générale de la Cour des pairs, que ces Commissions avaient instituée et déterminée. Les dispositions suivantes du projet de loi concernaient la responsabilité des agents du pouvoir autres que les ministres. Nous n'avons point à les étudier ici. Nous nous bornons à dire que le projet de M. Persil abolissait l'article 75 de la Constitution de l'an VIII, d'après lequel les agents du pouvoir ne pouvaient être poursuivis qu'avec l'autorisation du Conseil d'État, en transférant à l'autorité judiciaire le droit d'autoriser les poursuites (1).

(1) Après des discussions longues et souvent confuses, la Chambre des députés décida, par 215 voix contre 153, que le droit d'autoriser les poursuites contre les agents du pouvoir ne serait pas dévolu à l'autorité judiciaire. Elle maintint la disposition de l'article 75 de la

La Commission chargée de l'examen de ce projet de loi choisit M. Sauzet pour son rapporteur. Elle avait amendé le projet en quelques points; mais elle n'avait pas comblé les lacunes que nous venons d'indiquer. M. Sauzet présenta son rapport à la séance du 5 mars 1835. Il défendit la Commission du reproche de n'avoir pas organisé une responsabilité civile des ministres envers l'État et de s'être contentée de moyens termes, en développant les considérations déjà invoquées dans l'exposé des motifs. Il expliqua ensuite qu'il y avait des raisons de convenance à ne pas soumettre à la discussion la compétence et la juridiction de la Cour des pairs, au moment où cette Cour était saisie d'un grand procès (1). C'était pour cela que la Commission dont M. Sauzet était l'organe, n'avait pas reproduit les dispositions élaborées par les Commissions précédentes. Par contre, la Commission avait admis quelques amendements au projet du Gouvernement. Le plus important avait pour objet d'établir, au criminel, la responsabilité collective du Ministère, par suite de certaines mesures générales du Cabinet, tandis que le projet n'admettait qu'une responsabilité individuelle de chaque ministre pour les actes de son Département.

La discussion s'ouvrit devant la Chambre, le 16 mars 1835, et dura jusqu'au 2 avril. La principale question qu'on agita fut celle de savoir si les cas de responsabilité devaient être définis, MM. de Malleville, Saint-Marc Girardin, Odilon Barrot

Constitution de l'an VIII, en l'accommodant aux formes du Gouvernement parlementaire : l'autorisation devait être accordée dans une ordonnance du roi, délibérée en Conseil d'État et contresignée par un ministre.

(1) Celui des accusés d'avril.

et Janvier se prononcèrent contre toute définition ; mais l'avis contraire, défendu par MM. de Laboulie, de Tracy et le Ministre de l'Instruction publique, M. Guizot, prévalut.

La Chambre aborda ensuite la question de la responsabilité des ministres envers l'État. La commission, pour suppléer au silence que le projet du Gouvernement gardait sur ce point, proposait un article ainsi conçu : « Lorsqu'un ministre aura dépassé les crédits ouverts par le budget à son Département, et que les crédits extraordinaires ou supplémentaires par lui demandés auront été rejetés, la Chambre des députés pourra, *suivant les circonstances*, l'accuser de prévarication. La Cour des pairs, en statuant sur l'accusation, pourra mettre à la charge du ministre tout ou partie de la dépense rejetée. » Les débats s'arrêtèrent longtemps sur cette disposition, à laquelle le Gouvernement avait adhéré. M. Bérenger proposa de substituer à l'article un autre système, d'après lequel la responsabilité civile, positivement établie, serait encourue pour simple fait d'erreur et prononcée législativement. L'initiative de la proposition appartenait à l'une ou à l'autre Chambre. Cet amendement, qui n'était en réalité que la reproduction d'une disposition du projet de 1834, amendé par la Commission, fut soutenu par MM. Odilon Barrot, de Salverte et Dufaure, combattu par M. Duchâtel, Ministre du Commerce, M. Persil, Ministre de la Justice, M. Guizot, Ministre de l'Instruction publique, et M. Humann, Ministre des Finances, et, finalement, fut repoussé par la Chambre. La Commission proposa, dans le cours de la discussion, de remplacer les mots : *suivant les circonstances* par ceux-ci : *en cas de faute grave*; ainsi modifié, l'article, que M. Laffitte appuya, fut adopté.

De longues discussions eurent lieu ensuite au sujet des articles du projet de loi qui visaient la poursuite contre les agents du pouvoir autres que les ministres. Enfin, l'ensemble du projet fut adopté, à la faible majorité de 185 voix contre 161. « Cette conclusion, dit M. Ulysse Tencé, ne surprit pas : la discussion avait fait ressortir plutôt qu'elle n'avait résolu les difficultés d'une pareille loi; toute l'économie du projet avait été bouleversée; les dispositions étaient mal coordonnées, mal rédigées, incomplètes, insuffisantes; il fallait refaire et refondre le travail (1). » Aussi le Ministère ne le présenta-t-il même pas à la Chambre des pairs. C'est un autre projet que le garde des sceaux, M. Persil, apporta à cette Chambre, qui l'adopta à la presque unanimité des votants. Mais, pas plus que les autres, il ne fut converti en loi.

Au mois de mai 1847, un grand scandale éclata. Le Tribunal civil de la Seine jugeait un procès entre un sieur Parmentier, directeur des mines de sel gemme de Gouhenans, et le général Despans de Cubières ainsi que d'autres actionnaires de la Société. Les pièces produites aux débats révélèrent des faits qui compromettaient gravement la réputation de deux pairs de France : le général lui-même, qui avait fait partie, comme Ministre de la Guerre, du cabinet du 1er mars 1840 à la tête duquel était M. Thiers, et un président à la Cour de cassation, qui avait été Ministre des Travaux Publics

(1) *Annuaire historique universel pour 1835*, p. 64.

dans le Cabinet du 29 octobre 1840, M. Teste. Pour obtenir du Gouvernement la concession de la mine de sel gemme trouvée dans ses terrains d'exploitation, la Société des houillères de Gouhenans avait eu recours, en 1842, d'abord à l'influence du général de Cubières, qui n'était plus ministré, et ensuite à celle de M. Teste, qui l'était encore. Une somme de 100,000 francs avait été remise à M. Teste comme prix de la corruption.

Les faits que nous indiquons, révélés par les journaux, le 2 mai 1847, furent portés à la connaissance de la Chambre des députés, le 3, par M. Muret de Bort. Le Ministre des Finances promit une enquête judiciaire. Le 4, M. Teste, qui avait été clairement désigné dans les journaux, apporta à la tribune de la Chambre des pairs une protestation véhémente et qu'on pouvait croire sincère. Le 6 mai fut rendue une ordonnance royale portant que le général de Cubières était traduit devant la Chambre des pairs sous la prévention de tentative de corruption et d'escroquerie. Après avoir pris connaissance du rapport de M. Renouard, rapporteur de la Commission de la Chambre des pairs, le procureur général Delangle réclama la mise en accusation de MM. Despans de Cubières, Teste, Parmentier, et du banquier Pellapra. Le 26 juin, un arrêt de la Chambre du conseil les citait à comparaître tous les quatre devant la Chambre érigée en Cour des pairs. A l'issue de la première audience, qui eut lieu le 12 juillet, MM. de Cubières, Teste et Parmentier furent arrêtés et écroués à la prison du Luxembourg. Quant à Pellapra, il était en fuite.

M. Teste se renfermait toujours dans son système

de dénégation indignée. Il avait écrit au roi, remettant entre ses mains sa démission de la dignité de pair, et celle des fonctions de président à la Cour de cassation « pour n'être défendu, disait-il, dans les débats qui allaient s'ouvrir, que par son innocence ». Cette attitude superbe avait d'abord favorablement impressionné les juges et le public. Mais la femme de Pellapra, ne voulant pas que son mari fugitif fut considéré comme une sorte de bouc émissaire de l'affaire, fit remettre au président des pièces qui établissaient, sans contestation possible, la vénalité de M. Teste. La déposition du notaire de M. Pellapra vint confirmer le fait. M. Teste s'affaissa sur son banc, en proie à d'horribles angoisses. Rentré dans sa prison, il tenta de se tuer en se tirant un coup de pistolet au cœur, mais ne réussit qu'à se blesser légèrement. Le lendemain, 13 juillet, il écrivit au président de la Cour des pairs, le chancelier Pasquier, pour demander qu'on le dispensât d'assister aux débats, acceptant d'avance tout ce qui serait fait par la Cour en son absence. C'était un aveu formel. Son avocat, Me Paillet, s'abstint de prendre la parole. Le 17 juillet, la Cour des pairs rendit un arrêt, aux termes duquel M. Teste, reconnu coupable d'avoir, en 1842 et 1843, *étant Ministre des Travaux Publics*, reçu de l'argent *pour un acte de ses fonctions ministérielles*, fut condamné à la dégradation civique, à trois années d'emprisonnement et à 94.000 francs d'amende. Les deux autres accusés furent condamnés, l'un et l'autre, à la dégradation civique et à 10.000 francs d'amende. La Cour prononça, en outre, la confiscation de la somme reçue par M. Teste, et ordonna qu'elle serait versée dans la caisse des hospices de la ville de Paris. L'accusé Pellapra, qui se présenta quelques jours après devant la Cour, fut condamné, comme le général de Cubières et Parmentier, à la dégradation civique et à 10.000 francs d'amende (1).

Le Ministère, dont M. Guizot était le chef, s'était obstinément opposé à l'admission des capacités au droit de suffrage et avait audacieusement contesté le droit de réunion. Dans le discours de la couronne du 28 décembre 1847, le Cabinet avait dénoncé « l'agitation fomentée par les passions ennemies ou aveugles ». Ces injurieuses paroles exaspérèrent les libéraux. La loi à la main, ils résolurent de revendiquer ce droit que leur déniaient le garde des sceaux, M. Hébert, et le Ministre de l'Intérieur, M. Duchâtel. Mais le préfet de police prit un arrêté portant interdiction du banquet du XIIe arrondissement. L'émotion publique fut extrême. Aux charges de cavalerie, exécutées contre lui, dans les Champs-Elysées et sur la place de la Concorde, le peuple de Paris répondit par des barricades, et la gauche de la Chambre des députés par une proposition d'accusation. Cette proposition de mise en accusation du Ministère Guizot fut déposée, le 22 février 1848, par M. Odilon Barrot. Elle était ainsi conçue :

« Nous proposons de mettre le Ministère en accusation, comme coupable :

« 1° D'avoir trahi au dehors l'honneur et les intérêts de la France ;

(1) Voir l'*Annuaire historique universel pour 1847* p.230-242, et Ernest Hamel, *Histoire du règne de Louis-Philippe*, Paris, 1890, 2 vol. in-8° t. II, p. 617-624.

« 2° *D'avoir faussé les principes de la Constitution, violé les garanties de la liberté et attenté aux droits des citoyens*;

« 3° D'avoir, par une corruption systématique, tenté de substituer à la libre expression de l'opinion publique les calculs de l'intérêt privé, et *de de pervertir ainsi le Gouvernement représentatif;*

« 4° D'avoir trafiqué, dans un intérêt ministériel, des fonctions publiques, ainsi que de tous les attributs et privilèges du pouvoir;

« 5° D'avoir, dans le même intérêt, ruiné les finances de l'État, et compromis ainsi les forces et la grandeur nationales;

« 6° D'avoir violemment dépouillé les citoyens d'un droit inhérent à toute constitution libre, et dont l'exercice leur avait été garanti par la Charte, par les lois, par les précédents;

« 7° D'avoir enfin, *par une politique ouvertement contre-révolutionnaire*, remis en question toutes les conquêtes de nos deux Révolutions, et jeté dans le pays une perturbation profonde. »

Deux jours après le dépôt de cette proposition, le trône de Juillet s'écroulait avec fracas, et le roi Louis-Philippe, comme jadis le roi Charles X, prenait le chemin de l'exil. Tant il est vrai que la fiction de l'irresponsabilité royale ne saurait résister à la logique des révolutions (1).

(1) Au lendemain de la proclamation de la République, des poursuites furent dirigées contre les membres du Ministère Guizot. Le nouveau procureur général, M. Portalis, dressa un réquisitoire contre eux. La Cour d'appel, sous la présidence de M. Séguier, évoqua l'affaire, et nomma deux conseillers instructeurs. Mais on prolongea à dessein cette instruction; puis, vers le mois de novembre, la chambre des mises en accusation rendit une ordonnance de non-lieu. M. Guizot, qui s'était réfugié en Angleterre, en revint en 1849 en apportant sa vengeance : le livre intitulé : *De la Démocratie en France*. (Voir Daniel Stern, *Histoire de la Révolution de 1848*, Paris, 1850-1853, 3 vol. in-8, t. II p. 128-130.

CHAPITRE V

LES CONSTITUTIONS DE 1848 ET DE 1875.

Constitution du 4 novembre 1848. — Responsabilité du Président de la République et des ministres. — La Haute-Cour de justice. — Une opinion de M. Odilon Barrot. — Interdiction des clubs. — Proposition de mise en accusation du Ministère, faite, le 27 janvier 1849, par M. Ledru-Rollin. — L'Assemblée législative succède à l'Assemblée constituante. — Expédition de Rome. — Discours de M. Ledru-Rollin, du 11 juin. — Nouvelle proposition de mise en accusation du Ministère. — Grave déclaration de M. Ledru-Rollin. — Rejet de la proposition de mise en accusation. — Deux projets de loi sur la responsabilité du Président de la République et des ministres. — Le coup d'Etat du 2 décembre 1851. — Décret de déchéance. — L'arrêt de la Haute-Cour. — Le coup d'Etat triomphe. — La Constitution de 1852. — Une Haute-Cour de justice. — L'Empire. — Les modifications constitutionnelles de 1870. — Les ministres redeviennent responsables. — Chute de l'Empire. — L'Assemblée nationale. — M. Thiers et la Commission des Trente. — La Constitution de 1875. — Articles des lois constitutionnelles relatifs à la responsabilité criminelle des ministres. — Le Sénat érigé en Cour de justice. — Interprétation des dispositions constitutionnelles concernant la responsabilité des ministres. — Une circulaire aux procureurs généraux. — Propositions de loi de M. Pascal Duprat relatives à la responsabilité du Président de la République et des ministres. — Rapports sommaires de M. Durand (d'Ille-et-Vilaine) sur ces propositions.

Pour la seconde fois, la République venait d'être proclamée en France. La Constitution du 4 novembre 1848 établit le principe d'une double responsabilité : celle du Président de la République, et celle de ses ministres. Les articles 67 et 68 de cette Constitution étaient ainsi conçus :

« Art. 67. — Les actes du Président de la République, autres que ceux par lesquels il nomme et révoque les ministres, n'ont d'effet que s'ils sont contresignés par un ministre.

« Art. 68. — Le Président de la République, *les ministres*, les agents et dépositaires de l'autorité publique, sont responsables, chacun en ce qui le concerne, de tous les actes du Gouvernement et de l'Administration.

« Toute mesure par laquelle le Président de la République dissout l'Assemblée nationale, la proroge ou met obstacle à l'exercice de son mandat, est un crime de haute trahison.

« Par ce seul fait, le Président est déchu de ses fonctions; les citoyens sont tenus de lui refuser obéissance; le pouvoir exécutif passe de plein droit à l'Assemblée nationale. Les juges de la Haute-Cour de justice se réunissent immédiatement, à peine de forfaiture : ils convoquent les jurés dans le lieu qu'ils désignent, pour procéder au jugement du Président et de ses complices; ils nomment eux-mêmes les magistrats chargés de remplir les fonctions du ministère public.

« Une loi déterminera les autres cas de responsabilité, ainsi que les formes et les conditions de la poursuite. »

Il résulte de cet article que, dans les cas qu'il prévoyait, les ministres devaient être poursuivis comme complices du crime de haute-trahison commis par le Président de la République. Ainsi, dans l'hypothèse où le coup d'État du 2 décembre 1851 eût échoué, les ministres qui ont contresigné les décrets du Président Louis-Bonaparte et lui ont accordé leur concours eussent été impliqués, avec lui, dans la même poursuite et frappés du même châtiment (1).

La Constitution républicaine de 1848, de même que les Constitutions de 1791, de 1793, de l'an III et de l'an VIII, établissait une Haute-Cour de justice. C'est à cette Haute-Cour qu'elle déférait la connaissance des crimes et délits que, sous la Restauration et la Monarchie de Juillet, la Chambre des députés poursuivait et la Chambre des pairs réprimait. Les articles 91 à 100 étaient relatifs à la Haute-Cour de justice. Voici le texte de l'article 91 :

« Art. 91. — Une Haute-Cour de justice juge sans appel ni recours en cassation, les accusations portées par l'Assemblée nationale contre le Président de la République ou les ministres.

« Elle juge également toutes personnes prévenues de crimes, attentats ou complots contre la sûreté intérieure ou extérieure de l'État, que l'Assemblée nationale aura renvoyées devant elle.

« Sauf le cas prévu par l'article 68, elle ne peut être saisie qu'en vertu d'un décret de l'Assemblée nationale, qui désigne la ville où la Cour tiendra ses séances. »

Les articles 92 à 100 réglaient l'organisation et le fonctionnement de la Haute-Cour. Dans une étude, qui fut remarquée à l'époque où elle parut,

(1) Voir plus loin, le texte de l'arrêt de la Haute-Cour de justice, en date du 2 décembre 1851.

M. Odilon Barrot, ancien membre de la Commission de constitution de l'Assemblée constituante, s'exprimait ainsi au sujet de cette création :

« Un autre problème ne fut pas moins heureusement résolu par l'institution de la Haute-Cour nationale. Il peut survenir, en effet, dans un État, de ces grands attentats qui dépassent la portée des juridictions ordinaires. Les événements de juin 1849 nous en ont offert un premier exemple, que l'insurrection récente de la Commune de Paris vient de confirmer bien cruellement.

« Le premier Empire n'avait pas eu à s'occuper de pareilles éventualités. Ses Commissions militaires, ses prisons d'Etat suffisaient pour y pourvoir. La Restauration et le Gouvernement de Juillet n'avaient rien imaginé de mieux que de faire juger ces attentats par la Chambre des pairs érigée en Cour de justice, c'est-à-dire par un pouvoir politique et judiciaire tout à la fois. C'était là une combinaison malheureuse, qui consacrait ce qu'on a appelé avec vérité le mélange adultère de la justice et de la politique ; la condamnation du maréchal Ney en fut un des plus regrettables résultats.

« La Haute-Cour nationale érigée en 1849 était pure d'un tel mélange. Sa composition offrait, comme celle des autres Cours d'assises, deux éléments distincts : des juges pour diriger le débat et appliquer la peine, et un jury pour prononcer sur le fait (1)... »

Ajoutons que c'est à la Haute-Cour, instituée par la Constitution du 4 novembre 1848, que furent

(1) Odilon Barrot, *De l'organisation judiciaire en France*, Paris, 1872, 1 vol. in-12, p. 56-57.

déférés, en 1849, les auteurs et complices des attentats du 15 mai 1848 et du 13 juin 1849.

Deux propositions de mise en accusation des ministres furent faites dans l'année 1849, l'une à l'Assemblée constituante, l'autre à l'Assemblée législative. Le 26 janvier de cette année, M. Léon Faucher, Ministre de l'Intérieur, avait présenté à l'Assemblée constituante un projet de loi portant interdiction formelle des clubs et de toute réunion publique qui se tiendrait périodiquement, ou à des intervalles réguliers, pour la discussion de questions politiques. Il avait, en même temps, réclamé l'urgence. La Commission élue dans les bureaux se montra nettement défavorable à l'urgence. Le rapport fut présenté le lendemain, 27 janvier, par M. Senard, et, après un court débat, l'urgence fut repoussée, par 418 voix contre 342. Comme conclusion de ce vote, M. Ledru-Rollin, qui avait combattu l'urgence, déposa sur le bureau de l'Assemblée une proposition de mise en accusation des ministres, ainsi conçue :

« Attendu que la politique anti-républicaine du Ministère vient de se manifester par un fait attentatoire aux droits des citoyens et au principe fondamental de la souveraineté du peuple ;

« Attendu que le droit de réunion est un droit naturel et un droit politique écrit et consacré dans la Constitution de la République française ;

« Attendu que, par le projet de loi présenté, hier 26 janvier, sur la suppression des clubs, le Ministère s'est rendu coupable d'un acte qui est la violation flagrante des articles 8 et 51 de la Constitution ;

« Attendu que le Ministère est responsable de ses actes, suivant l'article 68 de la Constitution, les représentants du peuple soussignés demandent la mise en accusation immédiate des ministres et leur renvoi devant la Haute-Cour nationale pour y être jugés conformément à l'article 91 de la Constitution.

« Paris, le 27 janvier 1849. »

La proposition portait quarante-huit signatures de membres de la Montagne, parmi lesquelles, avec la signature de M. Ledru-Rollin, celles de MM. Pierre Leroux, Martin-Bernard, Gent, Félix Pyat, Brives, Mathieu (de la Drôme), Greppo, Gambon, Proudhon, Félix Mathé, Victor Schœlcher, Théodore Bac (1). Le renvoi de cette proposition aux bureaux fut demandé, le 31 janvier, par M. Ledru-Rollin, à la suite d'une observation de M. Vezin, et repoussé par 354 voix contre 250. Le 4 février, l'Assemblée donna son approbation à un rapport de M. Baze qui concluait au rejet pur et simple de la proposition de mise en accusation.

L'Assemblée constituante se sépara le 27 mai 1849, et l'Assemblée législative se réunit le lendemain. Le 11 juin, à la nouvelle que des combats avaient eu lieu devant Rome entre les troupes francaises et les défenseurs de la République romaine, M. Ledru-Rollin adressa une interpellation aux ministres au sujet de cette expédition. Il déclara que le siège de Rome avait été ordonné malgré la volonté de l'Assemblée constituante, hautement manifestée par un vote du 7 mai dernier ; que la Constitution était ainsi violée dans son article 54, et plus directement

(1) *Moniteur* du 28 janvier 1849.

encore dans le paragraphe 5 de son préambule(1); que, dans ces conditions, il n'était plus nécessaire de discuter. Il termina ainsi :

« Je le dis encore, les interpellations, elles me paraissent désormais inutiles. Les faits sont irrévocablement constatés, les textes existent. Ce serait les affaiblir et affaiblir notre situation que de discuter. Je ne puis donc faire qu'une chose, c'est de descendre de cette tribune, après avoir déposé aux mains du président de l'Assemblée un acte d'accusation contre le Président de la République et contre les ministres qui se sont rendus coupables, quoi que vous en disiez, au plus haut chef, de ce qu'il y a de plus grave, de la violation formelle de la Constitution (2). »

Ces paroles, qui furent vivement applaudies sur les bancs de l'extrême gauche et de la gauche, provoquèrent de grandes rumeurs sur ceux de la droite. De sa place, au milieu du bruit, M. Ledru-Rollin ajouta encore quelques mots pour demander le renvoi immédiat de l'acte d'accusation aux bureaux. Puis, M. Odilon Barrot, président du Conseil, s'attacha, dans un long discours, à expliquer et à justifier l'occupation de Rome par les troupes françaises. Quand il eut terminé, M. Ledru-Rollin remonta à la tribune et, dans un véhément langage, s'écria que le Ministère avait au front une tache de sang. Puis il ajouta : « La Constitution a

(1) « Préambule, paragraphe 5. — Elle (la République française) respecte les nationalités étrangères, comme elle entend faire respecter la sienne; n'entreprend aucune guerre dans des vues de conquête, et n'emploie jamais ses forces contre la liberté d'aucun peuple.

« Art. 54. — Il (le Président de la République) veille à la défense de l'Etat, mais il ne peut entreprendre aucune guerre sans le consentement de l'Assemblée nationale. »

(2) *Moniteur* du 12 juin 1849, p. 2044, col. 3 et 4.

été violée : nous la défendrons par tous les moyens possibles, et même par les armes! » A ces mots, un tumulte effroyable éclata dans l'Assemblée. Finalement, l'ordre du jour pur et simple fut adopté, par 361 voix contre 203, sur les interpellations. Restait la proposition d'accusation du Ministère, présentée par M. Ledru-Rollin. Dès le lendemain, 12 juin, M. Daru, rapporteur de la Commission, donna connaissance à l'Assemblée de son rapport. Il y soutenait « que la Constitution n'était violée ni dans son esprit ni dans sa lettre » et, après quelques développements sur l'expédition de Rome, déclarait que la Commision proposait, à l'unanimité, le rejet de l'acte d'accusation (1). Après un dis-

(1) *Moniteur* du 13 juin 1849, p. 2053, col. 1. — Il est à remarquer que le *Moniteur* ne donne le texte de l'acte d'accusation ni dans son numéro du 12 juin, ni dans son numéro du 13 juin, ni dans les numéros suivants. Contrairement à tous les usages, le rapporteur, M. Daru, ne l'a point inséré dans son rapport. Cependant, le 12 juin, un représentant de la Montagne, M. Cantagrel, demanda au président, M. Dupin, de donner lecture à l'Assemblée de l'acte d'accusation. La droite ayant fait entendre de violentes protestations, le président, qui montrait en toute occasion la plus grande partialité, répondit à M. Cantagrel que, si l'Assemblée ordonnait la lecture, il confierait cette lecture à quelque orateur, mais qu'il ne la ferait pas lui-même. Aussitôt, la droite s'écria : Non! non! et la lecture n'eut pas lieu. (*Moniteur* du 12 juin 1849, p. 2049, col. 1).

On trouve le texte de cet acte d'accusation dans l'*Histoire de la Seconde République française* de M. Hippolyte Castille. Le voici :

« *Acte d'accusation déposé par le citoyen Ledru-Rollin dans la séance du 11 juin 1849*.

« Les citoyens représentants du peuple, soussignés, proposent à l'Assemblée nationale le décret suivant; ils demandent l'urgence et le renvoi immédiat dans les bureaux :

« L'Assemblée nationale législative,

« Vu le paragraphe 5 du préambule de la Constitution, ainsi conçu :

« La République française respecte les nationalités étrangères comme « elle entend faire respecter la sienne ; n'entreprend aucune guerre dans « des vues de conquête, et n'emploie jamais ses forces contre la liberté « d'aucun peuple. »

Vu l'article 54, chapitre 5 de la Constitution, ainsi conçu :

« Le Président de la République veille à la défense de l'Etat, mais il « ne peut entreprendre aucune guerre sans le consentement de l'Assem« blée nationale. »

Vu enfin le paragraphe 1er de l'article 68 de la Constitution, ainsi conçu :

« Le Président de la République, les ministres, les agents et déposi« taires de l'autorité publique sont responsables, chacun en ce qui le « concerne, de tous les actes du Gouvernement et de l'Administration. »

cours de M. Thiers, qui était à la fois le protecteur du Ministère et l'adversaire passionné des républicains, l'Assemblée repoussa, par 377 voix contre 8 (1), la proposition de mise en accusation des ministres. Presque toute la gauche s'était abstenue de voter. C'est le lendemain de ce vote qu'eut lieu la manifestation, dite du 13 Juin, dans laquelle le Gouvernement et la majorité de l'Assemblée législative voulurent voir un attentat, et à laquelle ils répondirent par l'occupation militaire de la capitale, l'état de siège, la suppression de six journaux républicains et enfin, par la proscription de M. Ledru-Rollin et de trente-neuf autres représentants de la Montagne (2).

Ajoutons qu'un projet de loi présenté sur la responsabilité du Président de la République et celle des ministres, le 18 février 1849, à l'Assemblée constituante par M. Crémieux, au nom du Comité de législation, a été abandonné, le 16 mars 1849, après une première lecture. Le projet de loi

« Considérant que le corps expéditionnaire aux ordres du général Oudinot a, contrairement au vote du 27 avril et du 7 mai dernier de l'Assemblée constituante, été dirigé contre la liberté du peuple romain;

« Que, d'autre part, la guerre contre Rome a été entreprise, non seulement sans le consentement de l'Assemblée nationale, mais encore au mépris de la volonté formellement exprimée par elle de ne point attaquer la République romaine;

« Considérant que ces faits constituent le crime de violation du paragraphe 5 et de l'article 54 précités,

« Décrète :

« Le citoyen Louis-Napoléon Bonaparte, Président de la République, et les citoyens Odilon Barrot, Buffet, Lacrosse, Rulhières, de Tracy, Passy, Drouyn de Lhuys et de Falloux, ses ministres, sont accusés d'avoir violé la Constitution.

« *Suivent cent quarante-deux signatures.* »

(Hippolyte Castille, *Histoire de la seconde République française*, Paris, 1854-1856, 4 vol. in-8°, t. IV, p. 347-348.)

(1) 376 voix étaient nécessaires pour la validité du scrutin.

(2) Le 3 juin 1874, à l'Assemblée nationale, M. Ledru-Rollin déclara, en réponse à une interruption de M. Dufaure, que l'adoption de sa proposition du 11 juin 1849 eût rendu impossible le 2 Décembre. (*Journal officiel* du 4 juin 1874).

sur les mêmes matières, que le Conseil d'État fut chargé de préparer en 1850, ne vint jamais à la discussion. Enfin, le coup d'État du 2 décembre 1851 arrêta les travaux de la Commission de l'Assemblée législative, saisie de l'examen d'une proposition de M. Pradié, relative à la responsabilité du Président de la République et à celle des ministres.

Mais voici le coup d'État du 2 décembre 1851. Un décret du Président de la République, contresigné par le Ministre de l'Intérieur, M. de Morny, déclare l'Assemblée nationale dissoute, la loi du 31 mai abrogée, l'état de siège établi dans toute l'étendue de la première division militaire. Seize représentants, connus parmi les plus énergiques, sont arrêtés. Le lieu de leurs séances étant occupé par la force armée, les représentants, au nombre de 220, se réunissent à la Mairie du Xe arrondissement, sous la présidence de MM. Vitet et Benoist d'Azy, vice-présidents, et, sur la motion de M. Berryer, rendent, aux cris de : Vive la Constitution! vive la loi! vive la République! le décret de déchéance suivant :

« RÉPUBLIQUE FRANÇAISE

« DÉCRET :

« L'Assemblée nationale, réunie extraordinairement à la Mairie du Xe arrondissement;

« Vu l'article 68 de la Constitution, ainsi conçu : (suit le texte de l'article)(1);

« Attendu que l'Assemblée nationale est empêchée par la violence d'exercer son mandat,

(1) Nous l'avons donné plus haut.

« Décrète :

« Louis-Napoléon Bonaparte est déchu de ses fonctions de Président de la République ;

« Les citoyens sont tenus de lui refuser obéissance ;

« Le pouvoir exécutif passe de plein droit à l'Assemblée nationale ;

« Les juges de la Haute-Cour de justice sont tenus de se réunir immédiatement, sous peine de forfaiture, pour procéder au jugement du Président de la République et de ses complices ;

« En conséquence, il est enjoint à tous les fonctionnaires et dépositaires de la force et de l'autorité publique d'obéir à toutes réquisitions faites au nom de l'Assemblée, sous peine de forfaiture et de trahison.

« Fait et arrêté à l'unanimité, en séance publique, le 2 décembre 1851.

« *Pour le Président empêché* :

BENOIST D'AZY, VITET, *vice-présidents* ;

GRIMAULT, MOULIN, CHAPOT, *secrétaires* ; *et tous les membres présents* (1). »

Le même jour, sans qu'on puisse dire si c'était spontanément ou seulement sur la communication du décret de l'Assemblée nationale, la Haute-Cour se réunit, dans l'une des salles de la Cour de cassation, au Palais de Justice, délibéra, et rendit l'arrêt suivant :

« La Haute-Cour,

« Vu les placards imprimés et affichés sur les murs de la capitale, et notamment celui portant :

(1) Eugène Ténot, *Paris en décembre 1851*, étude historique sur le coup d'État, Paris, 1868, 1 vol. in-8°, p. 158-159.

« Le Président de la République, etc.., l'Assemblée nationale est dissoute, etc... », lesdits placards, signés : Louis-Napoléon Bonaparte, et plus bas : *le Ministre de l'Intérieur*, signé : Morny ;

« Attendu que ces faits et l'emploi de la force militaire dont ils sont appuyés, réaliseraient le cas prévu par l'art. 68 de la Constitution,

« Déclare :

« Qu'elle se constitue ; dit qu'il y a lieu de procéder, en exécution dudit article 68 ; nomme pour son procureur général M. Renouard, conseiller à la Cour de cassation, et s'ajourne à demain midi pour la continuation de ses opérations.

« Ont signé au registre : Hardouin, président ; Pataille, Delapalme, Aug. Moreau, Cauchy, juges. Présents les deux suppléants, Quénault et Grandet ; Bernard, greffier en chef (1). »

La Haute-Cour se réunit deux fois encore : d'abord le 2 décembre à 5 heures du soir, chez son président, pour constater que, de l'ordre du préfet de police, M. de Maupas, trois commissaires de police, accompagnés d'un officier de paix et de gardes républicains avaient envahi la Chambre du conseil, et sommé la Haute-Cour de se séparer, sous peine d'être dissoute par la force et ses membres emprisonnés, et que la Cour avait protesté et déclaré qu'elle ne cédait qu'à la force ; et encore, le 3 décembre, à midi, au Palais de justice, pour donner

(1) M. Eugène Ténot fait observer (p. 108), que le texte de cet arrêt tel qu'il le donne et que nous l'avons reproduit, diffère sensiblement de celui qui fut affiché sur les murs de Paris par les soins des républicains, et qui a été inséré dans plusieurs récits du coup d'Etat publiés en France. En effet, la version connue et affichée portait prévention de haute trahison contre le Président et convocation des hauts jurés. Mais, ajoute l'auteur de *Paris en décembre 1851*, « la version que nous reproduisons est empruntée à bonne source ».

acte à M. Renouard de son acceptation des fonctions de procureur général et s'ajourner, « attendu que les obstacles matériels à l'exécution de son mandat continuaient ». On sait, du reste, que les membres de la Haute-Cour ne furent pas les derniers à se rallier au coup d'État triomphant.

Le 14 janvier 1852, Louis-Napoléon Bonaparte promulgua une nouvelle Constitution, destinée à remplacer celle de 1848. Cette Constitution portait : (art. 5) que le Président de la République était responsable devant le peuple français, auquel il avait toujours le droit de faire appel ; (art. 13) que les ministres ne dépendaient que du chef de l'État ; qu'ils n'étaient responsables que chacun en ce qui le concernait des actes du Gouvernement ; qu'il n'y avait point de solidarité entre eux, et qu'ils ne pouvaient être mis en accusation que par le Sénat ; (art. 54) qu'une Haute-Cour de justice jugeait, sans appel ni recours en cassation, toutes personnes qui auraient été renvoyées devant elle comme prévenues de crimes, attentats ou complots contre le Président de la République et contre la sûreté intérieure ou extérieure de l'État ; qu'elle ne pouvait être saisie qu'en vertu d'un décret du Président de la République ; enfin (art. 55) qu'un sénatus-consulte déterminerait l'organisation de cette Haute-Cour. Le sénatus-consulte dont il s'agit a été promulgué le 10 juillet 1852. Il est presque superflu d'ajouter que, sous le régime de la Constitution de 1852, aucune accusation criminelle n'a été portée contre des ministres qui dépendaient uniquement du chef de l'État.

On sait que la Constitution du 14 janvier 1852,

et les sénatus-consultes des 7-10 novembre et du 25-30 décembre 1852 qui y ont apporté les changements nécessités par le rétablissement de l'Empire, ont été modifiés par un dernier sénatus-consulte, celui du 20 avril 1870, qui a été ratifié par le plébiscite du 8 mai. Le second Empire est ainsi devenu, — pour bien peu de temps du reste, — un Gouvernement parlementaire. Le texte des articles 19 et 20 du sénatus-consulte du 20 avril le montre suffisamment :

« Art. 19. — L'empereur nomme et révoque les ministres ;

« Les ministres délibèrent en Conseil sous la présidence de l'empereur.

« Ils sont responsables.

« Art. 20. — Les ministres peuvent être membres du Sénat ou du Corps législatif.

« Ils ont entrée dans l'une et dans l'autre Assemblée, et doivent être entendus toutes les fois qu'ils le demandent. »

Ces dispositions toutefois ne concernaient que la responsabilité politique des ministres. Leur responsabilité, en cas de crimes ou de délits, continuait d'être soumise aux règles posées dans la Constitution de 1852 qui donnait le droit d'accusation au Sénat seulement. La Commission du Sénat avait eu d'abord l'idée d'étendre ce droit d'accusation au Corps législatif. Elle avait, en conséquence, ajouté à l'article 19 une disposition ainsi conçue : « Ils (les ministres) ne peuvent être mis en accusation que par le Sénat ou par le Corps législatif. » Mais elle s'était bientôt ravisée, ainsi que nous l'apprend le rapport supplémentaire de

M. Devienne. Il lui avait semblé « qu'il était plus conforme à l'esprit général qui inspirait la nouvelle Constitution de placer toute la législation relative à la responsabilité ministérielle sous l'empire de la loi ordinaire ».Un amendement, qui reproduisait la disposition que nous venons de rappeler avait été repoussé, et l'article 19 avait été adopté, sans discussion, le 19 avril.

Quatre mois après le plébiscite du 8 mai, l'Empire était renversé pour avoir attiré sur la patrie la guerre et l'invasion étrangère. Pour la troisième fois, la République devenait le Gouvernement de la France.

Mais tous ces événements n'ont pas fait faire un pas à la question. A l'Assemblée nationale, du temps de la présidence de M. Thiers, M. Batbie et M. de Broglie ont demandé, l'un en sa qualité de rapporteur de la Commission de novembre 1872, l'autre comme rapporteur de la Commission des Trente, une loi sur la responsabilité ministérielle. Ce mot, qui était alors sur les lèvres de tous les membres de la droite, servait de prétexte pour combattre le Gouvernement de M. Thiers. M. Batbie et M. de Broglie ont été au pouvoir en 1873 et en 1874, et la loi sur la responsabilité ministérielle est encore à venir.

La Constitution de 1875 a eu pour objet le rétablissement du régime parlementaire en France. Quelles dispositions contient-elle relativement à la responsabilité criminelle des ministres? L'article 6 de la loi du 25 février 1875, dans celles de ses dispositions qui concernent les ministres, vise exclusivement les cas de responsabilité politique.

Par contre, il indique dans quelles circonstances la responsabilité criminelle du Président de la République peut être mise en action.

Nous reproduisons le texte de cet article :

« Article 6. — Les ministres sont solidairement responsables devant les Chambres de la politique générale du Gouvernement, et individuellement de leurs actes personnels.

« Le Président de la République n'est responsable que dans le cas de haute trahison. »

De la comparaison de ces deux dispositions, on doit conclure que, sous le régime des lois constitutionnelles de 1875, le Président de la République n'a plus de responsabilité politique et administrative. Cette règle, inscrite dans l'article 6, disent, MM. Poudra et Pierre (1), a été rappelée en ces termes dans le message que M. le maréchal de Mac-Mahon a adressé au Sénat et à la Chambre des députés, le 14 décembre 1877, après l'échec de l'entreprise du 16 Mai, et au moment de la formation du Ministère présidé par M. Dufaure :

« La Constitution de 1875 a fondé une République parlementaire en établissant mon irresponsabilité, tandis qu'elle a institué la responsabilité solidaire et individuelle des ministres. Ainsi sont déterminés nos droits et nos devoirs respectifs ; l'indépendance des ministres est la condition de leur responsabilité. »

Voici les deux seuls textes relatifs à la responsabilité criminelle : d'abord l'article 9 de la loi du 24 février 1875 sur l'organisation du Sénat, ainsi

(1) Poudra et Pierre, *Traité pratique de droit parlementaire*. Paris, 1879-1880, 2 vol. in-8, tome I, § 280.

conçu : « Le Sénat peut être constitué en Cour de justice pour juger, soit le Président de la République, soit les ministres, et pour connaître des attentats commis contre la sûreté de l'État » ; puis, l'article 12 de la loi du 16 juillet 1875 sur les rapports des pouvoirs publics, dont voici le texte :

« Le Président de la République ne peut être mis en accusation que par la Chambre des députés et ne peut être jugé que par le Sénat.

« Les ministres peuvent être mis en accusation par la Chambre des députés pour *crimes* commis dans l'exercice de leurs fonctions. En ce cas, ils sont jugés par le Sénat.

« Le Sénat peut être constitué en Cour de justice par un décret du Président de la République, rendu en Conseil des ministres, pour juger toute personne prévenue d'attentat commis contre la sûreté de l'État.

« Si l'instruction est commencée par la justice ordinaire, le décret de convocation du Sénat peut être rendu jusqu'à l'arrêt de renvoi.

« Une loi déterminera le mode de procéder pour l'accusation, l'instruction et le jugement. »

Le troisième paragraphe de l'article 12 a reçu son application, pour la première fois, le 8 avril 1889, lors du procès intenté à MM. le général Boulanger, Dillon et Henri Rochefort.

Quant à la loi annoncée dans le dernier paragraphe, elle a été promulguée le 10 avril 1889.

Revenons aux deux premiers paragraphes de l'article 12. S'il était admis, sous le régime de la Charte de 1814, — non seulement par les publicistes comme Benjamin Constant, mais par le Gouvernement qui avait à sa tête des hommes comme MM. Pasquier et de Serre —, que les expressions « trahison » et « concussion » devaient être entendues dans le sens le plus large, à plus forte raison doit-on donner cette interprétation au mot indéfini « crime », qui se trouve dans la loi du 16 juillet 1875. Évidemment ce mot n'a de commun que la prononciation avec celui dont il est question dans l'article premier du Code pénal. Ici le mot *crime* a la signification large de *délit*, comme l'établit M. Rossi, comme l'a prouvé, le 18 août 1877, dans une circulaire aux procureurs généraux, un fonctionnaire dont l'autorité pourrait être difficilement contestée, M. Benoist, directeur des affaires criminelles et des grâces au Ministère de la Justice sous M. de Broglie.

« Il est évident, dit M. Benoist, écrivant aux procureurs généraux pour le ministre, il est évident que le mot *crime* ne doit pas être entendu dans le sens étroit qui lui a été donné pour faciliter la classification des infractions dans le Code d'instruction criminelle, mais qu'il faut le considérer comme *un terme générique comprenant tous les faits qui peuvent donner lieu à l'application d'une peine*. C'est dans ce sens qu'avaient été interprétés les articles 29 et 44 de la Charte de 1830, et l'expression : *en matière criminelle*, employée dans ces articles, avait été étendue aux infractions punies d'une simple peine correctionnelle. »

Au commencement de l'année 1878, un membre de la Chambre des députés, très versé dans les questions de droit public, et qui avait fait partie de la Commission de l'Assemblée législative chargée de préparer un projet de loi sur la responsabilité du Président de la République et des ministres, M. Pascal Duprat, saisit la Chambre de deux propositions de loi, l'une relative à la responsabilité présidentielle, l'autre concernant la responsabilité des ministres. Les dispositions de ces deux propositions de loi, bien qu'elles fussent en harmonie avec les lois constitutionnelles de 1875, reproduisaient néanmoins quelques-uns des articles du projet de loi de 1851. M. Pascal Duprat déposa sur le bureau de la Chambre des députés, à la séance du 19 janvier (1), la proposition relative à la responsabilité présidentielle et la proposition relative à la responsabilité ministérielle. L'une et l'autre étaient précédées d'un exposé de motifs. Elles donnèrent lieu toutes les deux à des rapports sommaires, faits au nom de la troisième Commission d'initiative parlementaire par M. Durand, député de l'Ille-et-Vilaine, et concluant à la prise en considération. M. Durand déposa ses deux rapports, l'un sur la proposition relative à la responsabilité présidentielle, et l'autre sur la proposition relative à la responsabilité ministérielle, à la séance du 24 mai 1879 (2).

La question de la responsabilité présidentielle se lie étroitement à celle de la responsabilité des ministres ; aussi, tout en nous occupant plus spécialement de celle-ci, dirons-nous quelques mots de celle-là. On trouvera, d'ailleurs, aux Pièces justificatives, le texte complet des deux propositions de M. Pascal Duprat, précédées des exposés des

(1) Voir le *Journal officiel* du 3 février 1878, p. 1023, col 1, et le *Journal officiel* du 4 février 1878, p. 1055, col 1.

(2) Voir le *Journal officiel* du 12 juin 1879, p. 5022, col 2, et le *Journal officiel* du 16 juin 1879, p. 5242, col 1.

motifs, ainsi que le texte des remarquables rapports de M. Durand (1).

En ce qui concerne la responsabilité du Président de la République, M. Pascal Duprat commence par opposer au dogme de l'irresponsabilité du roi dans les monarchies la règle des républiques qui veut que le chef de l'État soit responsable, sinon politiquement, du moins au regard de la loi criminelle. « Le pouvoir n'y est pas (dans la République) un patrimoine, mais une fonction, dit M. Pascal Duprat, et le citoyen qui en est investi doit compte au peuple ou à ses représentants de la manière dont il remplit son mandat. Magistrat essentiellement temporaire, élevé aujourd'hui au pouvoir pour en descendre demain, il est toujours en face de la justice nationale qui peut le poursuivre en cas de forfaiture et abaisser sur lui le glaive de la loi. C'est donc avec raison que notre Constitution républicaine a établi dans une certaine mesure, sinon d'une manière absolue, la responsabilité du chef de l'État (2). »

Ainsi, d'après la Constitution, d'après les lois, le Président de la République, comme magistrat, est responsable seulement dans le cas de haute trahison; comme homme privé, il reste soumis au droit commun, et la loi peut l'atteindre comme le dernier des citoyens. Dans sa proposition de loi, M. Pascal Duprat a inséré d'abord une disposition générale portant que « le Président de la République est responsable, devant les Chambres, en cas de haute trahison, et qu'il ne répond pas

(1) Voir aux Pièces justificatives, les nos II, III, IV et V.
(2) Exposé des motifs de la proposition de loi relative à la responsabilité présidentielle.

des actes du Gouvernement et de l'Administration, qui n'engagent que la responsabilité des ministres. L'article premier indique trois causes d'accusation contre le Président de la République : 1° la haute trahison ; 2° tout crime qui, d'après la loi commune, entraîne une peine afflictive et infamante, ou une peine infamante ; 3° les délits de droit commun. L'article 12 de la loi constitutionnelle du 16 juillet 1875 s'étant abstenu de définir la haute trahison, M. Pascal Duprat s'est efforcé de remplir cette lacune dans les articles 2 et 3 de sa proposition :

« Art. 2. — Il y a crime de haute trahison de la part du Président de la République lorsque, par une mesure quelconque, il met obstacle à l'exercice du pouvoir législatif dans les limites de la Constitution, notamment s'il dirige contre les Chambres, ou contre l'une d'entre elles, la force publique ou un attroupement quelconque ; si, en cas d'attaque, il ne prend pas les mesures nécessaires pour les protéger, ou s'il paralyse les mesures qu'elles ont elles-mêmes ordonnées pour leur défense.

« Art. 3. — Il y a également crime de haute trahison de la part du Président de la République :

« 1° S'il se rend coupable de crimes contre la sûreté de l'État ;

« 2° S'il entreprend une guerre sans le consentement préalable du pouvoir législatif ;

« 3° S'il introduit ou laisse introduire, sans le consentement des Chambres, des troupes étrangères sur le territoire de la République ;

« 4° S'il se rend coupable d'actes ou de manœuvres ayant pour objet de suspendre ou de renverser la Constitution. »

Tels sont, d'après Pascal Duprat, les cas de haute trahison que l'on peut relever contre le Président de la République. Il est à remarquer que, dans tous ces cas, un ou plusieurs ministres peuvent être impliqués dans la poursuite comme complices du Président de la République. Nous passons sur le titre II, comprenant les articles 4 à 12, et relatif à la poursuite. Le titre III (article 13) indique les peines, savoir : en cas de trahison, la déportation, et, s'il y a des circonstances atténuantes, la détention et le bannissement. Le titre IV (art. 14 et 15) est relatif aux actions civiles contre le Président de la République. Enfin, le titre V (article 16) indique les deux cas où le Président de la République est réputé avoir abdiqué ses fonctions : « 1° s'il sort du territoire de la République sans y être autorisé par une loi ; 2° s'il refuse de se rendre dans la ville fixée par la Constitution pour être le siège du pouvoir législatif. »

Après la responsabilité du Président de la République, M. Pascal Duprat, comme nous l'avons dit, s'est attaché à réglementer celle des ministres. Il a rappelé les tentatives faites, à cet égard, sous les Gouvernements antérieurs, et dont aucune n'avait abouti. « Les révolutions, a-t-il dit, suppléent à l'insuffisance des lois, quand le législateur n'a pas su ou voulu remplir son rôle. C'est ce qui est arrivé en 1830, après la chute de Charles X. Mais il ne faut pas laisser aux révolutions, « ces fièvres d'Estat » comme disait le cardinal de Retz, le soin de venger le droit et la liberté. Des problèmes aussi délicats doivent être résolus d'avance par le législateur (1). »

M. Pascal Duprat a expliqué ensuite l'économie de sa proposition de loi. « Cette proposition, nouvelle sur quelques points, comme notre Constitution l'exige, reproduit la plupart des dispositions qui ont figuré dans les projets portés à la tribune sous les Gouvernements précédents. Elle ne doit donc pas être considérée comme une loi de circonstance. Elle aurait pu m'être inspirée, sans doute, par les événements dont nous avons été les témoins, dans ces derniers temps, sous un Cabinet qui s'est joué des lois, et qui aurait démontré, au besoin, la nécessité d'une pareille mesure (2). J'en ai puisé la pensée dans des raisons plus générales, et je dois dire que je l'aurais présentée, quand même le 16 Mai eût été épargné à la France. Une loi sur la responsabilité ministérielle est une des meilleures garanties qu'on puisse donner à un peuple qui veut être libre et jouir en paix de ses droits. »

La proposition de loi de M. Pascal Duprat sur la responsabilité des ministres contient 25 articles. D'abord, une disposition générale : « Les ministres sont solidairement responsables devant les Chambres de la politique générale et individuellement de leurs actes personnels. » Cette disposition générale n'est que la reproduction pure et simple du premier paragraphe de l'article 6 de la loi consti-

(1) Exposé des motifs de la proposition de loi relative à la responsabilité des ministres.

(2) Allusion à l'entreprise dirigée contre la République, sous la présidence de M. le maréchal de Mac-Mahon, par les ministères des 17 mai et 23 novembre 1877, ayant pour chefs, l'un M. le duc de Broglie, l'autre le général de Rochebouët.

tutionnelle du 25 février 1875. Les cinq articles suivants, réunis sous le titre Ier intitulé : *Des causes d'accusation*, sont ainsi conçus :

« ARTICLE PREMIER. — Les causes d'accusation contre les ministres sont :

« 1° La haute trahison,

« 2° La concussion,

« 3° La prévarication,

« 4° Tout crime qui, d'après la loi commune, entraîne une peine afflictive ou infamante,

« 5° Les délits de droit commun.

ART. 2. — Il y a crime de haute trahison de la part d'un ministre :

« 1° S'il se rend coupable de crimes contre la sûreté de l'Etat ;

« 2° S'il participe, soit en apposant son contreseing, soit de toute autre manière, à des actes quelconques ayant pour but d'entreprendre une guerre sans le consentement préalable du Sénat et de la Chambre des députés;

« 3° S'il introduit ou laisse introduire, sans ce consentement, des troupes étrangères sur le territoire de la République ;

« 4° Si, dans une intention coupable, il n'exécute pas les ordres du Président de la République relatifs à la sûreté de l'Etat ;

« 5° S'il se rend coupable d'actes ou de manœuvres ayant pour objet de suspendre et de renverser la Constitution ;

« 6° S'il oppose au Sénat et à la Chambre des députés, ou à l'une des deux Assemblées, des obstacles qui paralysent son action ou entravent la marche de ses travaux.

« ART. 3. — Il y a concussion de la part d'un ministre :

« 1° S'il agrée des offres ou promesses, s'il reçoit des dons, présents ou sommes d'argent pour préparer ou négocier un traité ou pour apposer son contreseing à sa ratification; pour conférer ou retirer une fonction quelconque ; pour faire ou omettre un acte dans ses attributions ; pour faciliter l'obtention de fournitures et d'entreprises adjugées ou données par l'Etat ;

« 2° S'il détourne sciemment, ou fait détourner, ou tolère qu'on détourne de leur destination, à son profit ou au profit d'autrui, des fonds ou valeurs appartenant à l'État, aux départements, aux communes, aux établissements autorisés par la loi ;

« 3° S'il ordonne, autorise ou tolère des perceptions illégales.

« ART. 4. — Il y a prévarication de la part d'un ministre :

« 1° Si, par dons, faveurs, distributions de fonctions, de grades ou de places, promesses ou manœuvres quelconques, proclamations, circulaires, instructions données aux agents du pouvoir ou aux fonctionnaires publics, autres que celles qui se rapportent à l'exécution des lois, il intervient dans les élections ;

« 2° Si, par un ou plusieurs de ces moyens, il tente d'obtenir des votes dans le Sénat ou la Chambre des députés ;

« 3° S'il participe à des manœuvres qui peuvent influer sur la hausse ou la baisse des fonds publics et des valeurs cotées à la Bourse ;

« 4° Si, par des moyens coupables, il influence

ou tente d'influencer les magistrats, administrateurs, jurés ou témoins;

« 5° S'il compromet sciemment les intérêts de l'État par la violation ou l'inexécution des lois, ou si, par un abus de son autorité, il en suspend l'exécution;

« 6° S'il détourne ou laisse détourner des documents, pièces ou titres, appartenant aux Administrations publiques ou aux archives;

« 7° S'il intervertit ou dépasse les crédits législatifs.

« La Chambre des députés, dans ce dernier cas, même si elle n'ordonne pas la poursuite, peut décider que le ministre sera tenu de verser au Trésor la somme qui sera fixée par elle jusqu'à concurrence du chiffre rejeté du crédit.

« Art. 5. — Les ministres peuvent, en outre, être poursuivis devant la Cour d'appel pour les délits de droit commun, mais seulement en vertu d'une autorisation de la Chambre des députés. »

Dans les dispositions que nous venons de reproduire, M. Pascal Duprat a eu la pensée d'énumérer tous les cas de haute trahison, de concussion et de prévarication qu'on pourrait relever à la charge des ministres. Déjà, on s'en souvient, Hérault-Séchelles, dans son rapport du 22 février 1792, à l'Assemblée législative (1), avait indiqué le danger de ces énumérations parfois trop vagues et forcément incomplètes. Le rapporteur de la troisième commission d'initiative, M. Durand (d'Ille-et-Vilaine), s'est rencontré sur ce point avec le rapporteur de 1792. « Ce n'est pas, dit-il, dans son

(1) Voir ci-dessus, chapitre Ier, le rapport de Hérault-Séchelles.

rapport sommaire, ce n'est pas qu'un examen attentif ne puisse y révéler (dans la proposition de loi de M. Duprat) des imperfections, et que la critique ne trouve à s'y exercer. On peut se demander, notamment, si les énonciations n'y sont pas trop multipliées, si en voulant énumérer, par exemple, tous les cas dans lesquels il y a haute trahison, concussion et prévarication, l'auteur de la proposition ne s'expose pas, presque nécessairement, à des omissions, s'il n'eût pas mieux valu statuer en termes généraux et par là même plus compréhensifs. »

Le titre II, intitulé : *De la poursuite*, comprend les articles 6 à 22. Nous en résumons les dispositions. La mise en accusation ou en prévention est ordonnée par la Chambre des députés, soit sur l'initiative d'un ou plusieurs de ses membres, soit sur une plainte ou une dénonciation émanant de l'initiative individuelle. En aucun cas, elle n'est prononcée que lorsqu'elle est votée par la moitié plus un des membres dont se compose l'Assemblée.

Lorsqu'il s'agit d'un crime, la juridiction est celle du Sénat, et les fonctions du ministère public sont confiées à des magistrats que la Chambre nomme immédiatement à la majorité des suffrages. Lorsqu'il s'agit d'un délit, c'est la Cour d'appel qui est compétente. C'est également la Cour d'appel qui, après autorisation de la Chambre des députés, statue sur les demandes de réparations civiles (1).

Le titre III, intitulé : *Des peines*, comprend les

(1) Titre IV. *Des actions civiles et des demandes en réparations civiles contre les ministres*, — art. 25.

articles 23 et 24. Les peines sont de diverses natures. La haute trahison est punie de la déportation. La concussion est punie de la détention (de cinq à dix ans) et de l'amende. La prévarication est punie du bannissement pendant cinq ans, et, de même que pour la concussion, de l'interdiction des droits politiques. Pour les crimes et délits prévus par la loi commune, les peines sont celles portées par la loi. L'admission des circonstances atténuantes fait décroître les peines dans un ordre déterminé.

Telles étaient les dispositions de la proposition de loi de M. Pascal Duprat sur la responsabilité des ministres. Cette proposition et celle sur la responsabilité du Président de la République, ne furent même pas discutées par la Chambre des députés.

CHAPITRE VI

Du 16 mai a nos jours

La Commission d'enquête relative aux actes des ministres du 17 mai et du 23 novembre 1877. — M. Henri Brisson, rapporteur général. — La discussion des conclusions de son rapport à la Chambre des députés, le 13 mars 1879. — Attitude du Gouvernement et des groupes parlementaires. — Paroles de M. Gambetta, président de la Chambre. — M. Léon Renault, M. Waddington et M. Lepère. — Vigoureux discours de M. Henri Brisson. — Le général de Rochebouët avait préparé un coup de force. — Il ne faut pas que, seul, le crime de trahison soit impuni en France. — M. Floquet et M. Madier de Montjau. — Rejet des conclusions de la Commission d'enquête. — L'ordre du jour de M. Rameau. — Accusations dans la presse contre le général de Cissey. — Commission d'enquête. — La Chambre écarte, le 12 avril 1881, les accusations de trahison et de concussion portées contre le général de Cissey. — Rejet des propositions de mise en accusation du Ministère présidé par M. Jules Ferry, en 1885. — *Proposition de loi de M. Morellet.* — Une lacune de la législation. — Les menées factieuses du général Boulanger. — Vote de la proposition par le Sénat et par la Chambre. — Loi du 10 avril 1889 organisant la procédure à suivre devant le Sénat pour juger toute personne inculpée d'attentat contre la sûreté de l'Etat. — Analyse de cette loi. — Elle est appliquée dans l'instruction du procès du général Boulanger et de MM. Dillon et Rochefort. — Accusation de complot et d'attentat. — Le procès de l'ancien ministre Baïhaut, en 1893. — Une conséquence de l'arrêt rendu par la Cour de Cassation, le 3 juin 1899, dans l'affaire Dreyfus. — Communication du Gouvernement à la Chambre, au sujet de la mise en accusation du général Mercier. — Proposition de deux députés. — Discours de M. Ribot. —

Réponse de M. Millerand.— MM. Lasies et Pourquery de Boisserin. — Proposition de M. Viviani et de plusieurs de ses collègues tendant à la nomination d'une Commission de 33 membres pour examiner s'il y a lieu de mettre en accusation le général Mercier. — Discours de M. Viviani. — Adoption d'une proposition d'ajournement de M. Pourquery de Boisserin. — Les précédents de l'histoire parlementaire.

A la fin de l'année 1877, une accusation fut portée dans la Chambre contre les anciens ministres des Cabinets des 17 mai et 23 novembre. L'acte du 16 mai 1877 avait eu pour conséquence de soulever le pays jusque dans ses couches les plus profondes. La France libérale et républicaine s'était dressée, d'un admirable élan, et le suffrage populaire, malgré la plus violente pression, avait infligé un éclatant désaveu au maréchal de Mac-Mahon et à ses conseillers. L'heure était venue de rendre des comptes. Le 12 novembre 1877, M. Albert Grévy déposa sur le bureau de la Chambre un projet de résolution en faveur duquel il réclama une déclaration d'urgence. Il s'agissait de nommer, dans les bureaux, une Commission de trente-trois membres « chargée de faire une enquête parlementaire sur les actes qui, depuis le 16 Mai, avaient eu pour objet d'exercer sur les élections une pression illégale ». M. Albert Grévy justifia sa demande d'urgence par les considérations suivantes :

« Parallèlement à la candidature officielle, dit-il, et sur toute l'étendue du territoire, des actes condamnables à divers titres, des faits délictueux, criminels, se sont accomplis, qui appellent une indispensable répression. La conscience publique indignée l'exige impérieusement.

« Notre procédure habituelle, en pareille matière, par laquelle la Chambre... ordonne le renvoi aux ministres compétents du dossier et du rapport pour assurer, par la voie administrative ou judiciaire, la condamnation des coupables ; cette procédure, aujourd'hui serait absolument vaine et dérisoire, puisque, à cette heure, les coupables sont les agents des ministres, quand ce ne sont pas les ministres eux-mêmes.

« La justice, nous n'avons point à la demander au Cabinet qui s'attarde sur ces bancs ; c'est à la Chambre qu'il appartient de prendre,.. immédiatement, les mesures nécessaires pour qu'elle puisse être rendue à l'heure et dans la forme qu'elle déterminera.

« Mais, messieurs, le pays attend de nous davantage. Il attend que nous demandions compte à ceux qui, depuis cinq mois, traitent la France en province conquise, de ce qu'ils ont fait de son repos, de ce qu'ils ont fait de ses intérêts, de ce qu'ils ont fait des libertés publiques.

« Elle nous a donné surtout et spécialement pour mandat de... revendiquer son droit de souveraineté méconnu, et de poser la question de savoir qui doit être obéi, sous la République, ou bien du maître, du souverain dont nous sommes ici les représentants, ou bien des serviteurs révoltés qui prétendent lui imposer leur domination (1). » (*Applaudissements prolongés au centre et à gauche.*)

Au nom du Gouvernement, M. le duc de Broglie, président du Conseil, demanda, lui aussi, l'urgence, qui fut prononcée. Le 13, M. Le Blond

(1) *Journal officiel* du 13 novembre 1877, p. 7355-7356.

donna lecture du rapport présenté au nom de la Commission et qui concluait à la nomination d'une Commission d'enquête. La discussion fut ouverte aussitôt. MM. Baragnon, de Fourtou, Ministre de l'Intérieur, duc de Broglie, président du Conseil, combattirent la proposition de nomination d'une Commission d'enquête, qui fut soutenue par MM. Léon Renault, Jules Ferry et Gambetta, et finalement adoptée, le 15 novembre, par 312 voix contre 205 (1).

Entravée dans son œuvre par les Cabinets du 17 mai et du 23 novembre, la Commission d'enquête put remplir sa mission après l'avènement au pouvoir, le 14 décembre 1877, du Ministère présidé par M. Dufaure. La Commission, en 1878, se fractionna en sous-Commissions, lesquelles portèrent leurs investigations sur un grand nombre de circonscriptions. C'est au commencement du mois de mars 1879, quelques semaines après la démission du maréchal de Mac-Mahon et l'élection de M. Jules Grévy à la Présidence de la République, que M. Henri Brisson, rapporteur général de la Commission d'enquête, déposa son rapport sur le bureau de la Chambre des députés (2). Le rapporteur rappela d'abord que la Commission d'enquête avait été chargée d'examiner :

1° Les actes du Ministère nommé le 17 mai 1877, avec mission d'apprécier la responsabilité de leurs auteurs et de proposer à la Chambre les résolutions que ces actes lui paraîtraient comporter.

2° Et, à l'occasion d'une pétition dont la Chambre

(1) *Journal officiel* des 14, 15 et 16 novembre 1877.
(2) Voir ce rapport dans le *Journal officiel* du 27 mars 1879.

avait gardé le souvenir, certains faits spéciaux qui avaient signalé la première quinzaine du mois de décembre 1877.

Il montra ensuite que, pendant la période qui s'était écoulée entre le 16 mai et le 14 décembre 1877, les ennemis de la Constitution avaient d'abord, au moyen de la corruption, de la fraude et de la terreur, cherché à obtenir dans les élections, une majorité contraire à la République ; puis, avaient organisé les moyens de suppléer par l'emploi de la force l'assentiment national qu'ils n'avaient pu obtenir. Il releva à la charge des ministres du maréchal de Mac-Mahon des faits de violation de la Constitution, de violation des lois, de prévarication, de soustraction et d'enlèvement de papiers publics, enfin de complot. Voici les conclusions de son rapport :

« ... Il y a, suivant nous, présomption grave que les ministres du 17 mai se sont rendus coupables des crimes de trahison et de prévarication, et en fait :

« D'avoir, par une politique ouvertement inconstitutionnelle, remis en question l'existence de la République et jeté ainsi le pays dans une perturbation profonde ;

« D'avoir suspendu l'empire de la Constitution et des lois ; de les avoir formellement violées ;

« D'avoir fait un abus criminel du pouvoir qui leur était confié, et ce, dans le dessein de fausser les élections et de priver les citoyens du libre exercice de leurs droits civiques ;

« D'être intervenus dans les élections, par la violence, par la promesse et par la menace, par dons, faveurs, distributions de fonctions, décorations, grades ou places, par des destitutions de fonctionnaires, par des manœuvres de toute sorte, par des proclamations, des ordres, des circulaires, des instructions données aux agents du pouvoir, et par de fausses nouvelles ;

« D'avoir attenté à la liberté de la presse ;

« D'avoir ordonné divers actes arbitraires ou attentatoires, soit à la Constitution, soit à la liberté individuelle, soit aux droits civiques des citoyens ;

« D'avoir, par voies de fait ou menaces, empêché les citoyens d'exercer leurs droits civiques ; d'avoir, à cet effet, concerté un plan pour être exécuté sur tout le territoire ;

« D'avoir concerté des mesures contraires aux lois et contre l'exécution des lois ;

« D'avoir, dans l'intérêt de leurs desseins coupables, trafiqué des fonctions publiques ou des faveurs, ainsi que de tous les attributs et privilèges du pouvoir ;

« D'avoir agréé des promesses pour confier ou retirer des fonctions publiques ; d'avoir promis ou donné lesdites fonctions pour obtenir tantôt qu'un candidat se présente, tantôt qu'il se retire ;

« D'avoir fait remise à des particuliers, pour les corrompre dans un intérêt électoral, des taxes légitimement dues à l'Etat ;

« D'avoir tenté d'influencer et influencé, par des moyens coupables, les magistrats chargés de mettre en mouvement l'action publique ou de rendre la justice ;

« D'avoir tantôt pressé, tantôt suspendu, tantôt empêché l'exécution des lois pénales, suivant les opinions politiques des coupables, des prévenus ou des condamnés;

« D'avoir détourné et fait détourner des pièces et documents appartenant aux Administrations publiques ;

« D'avoir fait enlever des papiers dans des dépôts publics,

« Crimes commis dans l'exercice de leurs fonctions, prévus et punis par l'article 12 de la loi du 16 juillet 1875 et par les articles 109, 110, 114, 115, 123, 124, 130, 173, 179, 254 et 255 du Code pénal.

« Il y a, en outre, suivant nous, présomption grave que les ministres du 17 mai et du 23 novembre 1877 se sont rendus coupables du crime de trahison :

« En formant un complot ayant pour but soit de changer, soit de détruire le Gouvernement, ledit complot suivi d'actes commis ou commencés pour en préparer l'exécution, crime prévu et puni par l'article 89 du Code pénal;

« En prenant des mesures contraires aux lois et à l'exécution des lois, par suite d'un concert pratiqué entre des dépositaires de l'autorité publique, crime prévu et puni par les articles 123 et 124 du Code pénal.

« En conséquence, votre Commission vous propose la résolution suivante :

Article 1er. — Conformément à l'article 12, paragraphe 2 de la loi constitutionnelle du 16 juillet 1875, la Chambre des députés met en accusation devant le Sénat, pour crimes commis dans l'exercice de leurs fonctions, les membres du

Ministère du 17 mai 1877, présidé par M. le duc de Broglie, et du Ministère du 23 novembre 1877, présidé par M. de Rochebouët.

« ARTICLE 2. — Trois commissaires, pris dans la Chambre des députés, seront nommés par elle au scrutin de liste pour, en son nom, faire toutes les réquisitions nécessaires, suivre, soutenir et mettre à fin l'accusation devant le Sénat, à qui la présente résolution et toutes les pièces recueillies par la Commission d'enquête seront transmises dans le plus bref délai. »

La discussion du projet de résolution de la Commission d'enquête eut lieu le 13 mars 1879, à Versailles, où siégeaient encore, à cette époque, les deux Chambres. La mise en scène avait été réglée à l'avance. Les divers groupes parlementaires avaient arrêté leurs résolutions. On savait, depuis plusieurs jours déjà, que le Ministère interviendrait dans le débat pour s'opposer aux poursuites, et qu'il avait gagné à son opinion le centre gauche tout entier et une importante fraction de la gauche républicaine. Ce contingent de voix, ajouté aux voix dont pouvait disposer la minorité de droite, était plus que suffisant pour amener le rejet du projet de résolution de la Commission d'enquête. Non seulement on connaissait les déterminations des groupes républicains, mais l'attitude de la droite avait été également indiquée d'avance. Une communication, publiée la veille par les journaux monarchistes, annonçait que le seul membre des Ministères incriminés qui siégeât à la Chambre, M. de Fourtou, n'assisterait pas à la séance ; que son lieutenant, M. Reille, ancien sous-secrétaire d'État au Ministère de l'Intérieur, ne paraîtrait pas davantage dans la salle, et qu'aucun membre de la droite ne combattrait les conclusions de la Commission d'enquête. La connaissance de ces nouvelles n'avait pas laissé de diminuer l'intérêt de la discussion.

Après que la séance eut été ouverte, le président, M. Gambetta, s'adressant à ses collègues, prononça les paroles suivantes : « Je prie la Chambre de ne pas perdre un instant de vue qu'aujourd'hui elle siège comme *un grand Jury national.* » M. Léon Renault monta le premier à la tribune pour s'opposer aux poursuites. Il s'attacha à combattre les conclusions de la Commission d'enquête par des considérations d'ordre politique. Deux ministres parlèrent après lui contre les poursuites : M. Waddington, Ministre des Affaires Étrangères et président du Conseil (1), et M. Lepère, Ministre de l'Intérieur. Tous deux démontrèrent la culpabilité des ministres du 17 mai et du 23 novembre. Puis, après avoir fait cette démonstration, ils cherchèrent à persuader à la Chambre que d'importantes considérations politiques lui commandaient d'absoudre ces grands coupables.

Cette argumentation, si défectueuse qu'elle fût au point de vue logique, devait être admise par la Chambre.

(1) Dans ce discours, qui était écrit, M. Waddington a apprécié, en ces termes, l'œuvre du rapporteur de la Commission d'enquête : « L'honorable M. Brisson, a-t-il dit, avec conscience, avec méthode, avec un talent que je reconnais hautement ici, a rendu un service à l'histoire en groupant et réunissant ces faits ; son rapport restera un des documents les plus importants de nos annales contemporaines. *(Approbation au centre. — Rumeurs et interruptions à droite)* » *(Journal officiel* du 14 mars 1879, p. 2031, col. 2.)

Cependant le rapporteur, M. Henri Brisson, qui prit la parole pour répondre à M. Léon Renault, après avoir résumé, dans une saisissante démonstration, les principaux arguments de son rapport en faveur de la mise en accusation des ministres du 17 mai et du 23 novembre, donna connaissance à la Chambre de documents qui avaient été communiqués l'avant-veille seulement par le Ministre de la Guerre au rapporteur de la Commission d'enquête. C'étaient plusieurs ordres aux chefs des corps d'armée, lancés par le général de Rochebouët, et dont la signification ne pouvait faire de doute pour personne. « Lorsqu'on a lu les principales de ces pièces, dit le rapporteur, lorsqu'on les a rapprochées de la correspondance télégraphique déjà citée dans mon rapport, je vous le demande, peut-il rester un doute sur ceci : c'est que l'on avait amené la préparation du coup de force jusqu'au point où il n'y aurait plus qu'à en donner le signal, et ce signal on espérait l'arracher au chef de l'État. » Le rapporteur démontra ensuite que ces actes rentraient dans la définition légale du complot ; il affirma, avec beaucoup de force, que la République devait, tout comme les autres Gouvernements, se défendre contre les conspirateurs, et que c'était un pitoyable sophisme de prétendre que l'œuvre de répression aurait pour résultat de troubler l'armée. M. Henri Brisson ajouta ces paroles :

« Sans doute, j'espère que nous sommes à l'abri de toute surprise, de tout retour des réactions; néanmoins, ce sera, je le pense, et la Commission d'enquête le pense avec moi, ce sera contre de pareils retours une garantie puissante que d'assurer le châtiment des hommes qui ont essayé de nous ramener à la dictature, aux mois de mai, de novembre et de décembre 1877.

« Il est, à un autre point de vue, nécessaire de de rétablir la discipline morale dans les esprits. *(Très bien ! à gauche.)*

« Il est juste que le châtiment suive le crime, quelle que soit la qualité de celui qui le commet. *(Applaudissements à gauche.)*

« Ah ! messieurs, il s'est produit dans ce pays, assez récemment, trop récemment, un fait qui a été une cause puissante de démoralisation. Un conseil de guerre a jugé, non loin d'ici, l'homme qui avait livré la dernière armée de la France, le maréchal Bazaine.

Une voix, *à gauche*. — On l'a gracié.

M. le rapporteur. — Non seulement on lui a fait grâce du dernier supplice, — ce n'est pas là qu'a été le spectacle dangereux ; l'âme des multitudes est généreuse, elle n'incline pas vers les exécutions suprêmes, elle aime assez, au contraire, qu'on lui en épargne la vue, — mais on ne s'est pas contenté de gracier ce condamné, on l'a mis dans une prison dérisoire, en multipliant autour de lui les chances d'évasion. Ça été là, messieurs, un spectacle profondément démoralisateur pour la nation ; et si, vous le renouveliez, si votre vote au sujet des ministres du 17 mai et du 23 novembre était en quelque sorte un vote d'évasion, savez-vous ce qu'on dirait ? On dirait qu'il n'y a en France qu'un crime qui demeure impuni, et ce crime, c'est le plus grand de tous, c'est le crime de trahison ! » *(Vifs applaudissements à gauche.)*

Ce vigoureux discours ne parvint pas à vaincre le parti pris du centre gauche et d'une fraction de la gauche. En vain M. Floquet répondit-il, dans une vive harangue, aux arguments du président du Conseil. En vain l'éloquent M. Madier de Montjau fit-il voir à la Chambre, dans une chaleureuse improvisation, l'étendue de la faute qu'elle allait commettre en se montrant si clémente envers les ministres du 17 mai et du 23 novembre après avoir été si sévère envers toute une catégorie de condamnés de l'insurrection de 1871. Les ministres avaient jeté leurs portefeuilles dans la balance. La question, de judiciaire était devenue politique. Au lieu de dire à la Chambre : « Croyez-vous, en conscience, que les ministres du 17 mai et du 23 novembre sont coupables, » on lui avait dit : « Voulez-vous le maintien ou le renversement du premier Ministère de M. le Président Grévy? » A la question ainsi posée, le centre gauche et une partie de la gauche répondirent qu'ils voulaient garder le Ministère, et, comme leurs bulletins se confondirent avec ceux de la droite, le projet de résolution de la Commission d'enquête fut repoussé par 317 voix contre 159, sur 476 votants (1). Après ce vote, la Chambre, sur la proposition de M. Rameau, adopta un ordre du jour dans lequel elle déclarait « livrer au jugement de la conscience nationale, qui les avait déjà solennellement réprouvés, les desseins et les actes criminels des ministres du 17 mai et du 23 novembre ». En adoptant cet ordre du jour, la Chambre ne se montra pas seulement illogique, elle donna encore aux ministres du 17 mai et du 23 no-

(1) Voir ces débats et ce vote dans le *Journal Officiel* du 14 mars 1879.

vembre 1877 l'occasion de rentrer en scène sans danger pour eux, et de se poser devant le public comme les défenseurs des règles judiciaires.

La proposition de mise en accusation du Ministère que présidait M. Jules Ferry, en 1885, n'a été qu'un incident, sans grande importance, de la lutte engagée entre les partis politiques. Le 30 mars de cette année, à la suite de l'échec de Lang-Son, la Chambre des députés renversa le Ministère et, en même temps, refusa le bénéfice de l'urgence aux propositions de mise en accusation de ce Ministère présentées par MM. Delafosse et Laisant. Ces propositions furent renvoyées à l'examen de la Commission d'initiative. Le rapporteur, M. Gomot, conclut au refus de la prise en considération. La Chambre discuta les conclusions de ce rapport dans sa séance du 4 juin 1885. M. Henri Brisson, président du Conseil, qui prit le premier la parole, demanda, au nom du Gouvernement, à la Chambre de repousser les propositions de mise en accusation du précédent Ministère. MM. Journault et Develle parlèrent dans le même sens. Puis, malgré les véhéments discours de M. Armand Rivière, de la gauche radicale, et de M. Delafosse, de la droite, la Chambre adopta, par 305 contre 141, sur 446 votants, les conclusions du rapport de M. Gomot (1).

Au mois de novembre 1880, un procès entre un officier (2) et sa femme (3) dont il était séparé et qui passait pour être au service de l'Allemagne, attira l'attention sur l'ancien Ministre de la Guerre du

(1) Voir le *Journal officiel* du 31 mars, et celui du 5 juin 1885.
(2) Le lieutenant-colonel, depuis général Iung.
(3) Mme la baronne de Kaulla.

temps de la présidence du maréchal de Mac-Mahon, le général de Cissey, alors commandant du 11e corps d'armée. Deux lettres produites à l'audience semblaient indiquer que le général de Cissey s'était servi de sa qualité de ministre pour intervenir dans les affaires de famille de l'officier en question. Le scandale fut si grand que le général Farre, Ministre de la Guerre, retira son commandement au général de Cissey, et l'engagea à poursuivre devant les tribunaux ses accusateurs, M. Laisant, député, directeur du *Petit Parisien*, et M. Henri Rochefort, rédacteur en chef de l'*Intransigeant*. Le général de Cissey, suivant ce conseil, intenta une action en diffamation contre MM. Laisant et Rochefort. Ces derniers, n'ayant pu produire aucun témoin, furent condamnés chacun à 8.000 francs de dommages-intérêts, à l'amende et, en outre, à de nombreuses insertions du jugement dans les journaux.

Mais, dans l'intervalle, la Chambre des députés avait été saisie de la question par un de ses membres, M. Amédé Le Faure, lequel avait réclamé la nomination d'une Commission d'enquête chargée d'examiner les actes de l'ancien Ministre de la Guerre. Le 23 novembre, la Chambre se prononça pour la nomination d'une Commission d'enquête, et décida en même temps que cette Commission serait élue au scrutin de liste pour que la minorité de droite pût y être représentée. Après trois mois d'investigations, cette Commission adopta le projet de résolution suivant que lui avait proposé son rapporteur, M. Amédée Le Faure :

Sur le premier point : « A l'unanimité, il n'y a pas lieu de retenir l'accusation de trahison portée contre M. le général de Cissey, ministre de la guerre;

« A l'unanimité, il n'y a pas lieu de retenir l'accusation de concussion portée contre M. le général de Cissey, ministre de la guerre. »

Quant aux pratiques relevées dans divers cas, et que la Commission qualifiait d'irrégularités, le général de Cissey était exonéré de toute responsabilité, parce que ces faits n'étaient pas particuliers à son Ministère; qu'ils avaient été antérieurs, contemporains et postérieurs, et qu'ils étaient inhérents au système d'administration en vigueur.

La Commission conclut, en conséquence, au renvoi à la Commission du budget pour qu'elle eût à prendre les mesures propres à empêcher le renouvellement de ces faits.

En ce qui concernait les faits relevés à la charge personnelle de certains fontionnaires de la guerre, la Commission formulait un blâme sévère et ordonnait le renvoi au Ministre de la Guerre pour qu'il eût à prendre des mesures afin de prévenir le renouvellement de pareils abus.

Le 9 avril 1881, la Chambre, à l'unanimité, adopta les conclusions qui mettaient hors de cause le général de Cissey. (1) Les autres résolutions proposées par la Commission furent ratifiées par la Chambre, le 12 avril.

En 1889, les menées du général Boulanger et de ses partisans portèrent un membre du Sénat, M. Morellet, à déposer sur le bureau de cette Assemblée une importante proposition de loi. Cette proposition avait pour objet de réaliser la promesse

(1) *Journal officiel* des 10 et 13 avril 1881.

contenue dans l'article 12 de la loi constitutionnelle du 16 juillet 1875, en organisant la procédure à suivre devant le Sénat pour juger toute personne inculpée d'attentat contre le sûreté de l'État. Les précédents que nous avons étudiés, notamment ceux des Chambres des pairs de 1814 et de 1830, voulaient qu'en l'absence d'une semblable loi la Haute-Cour fut entièrement maîtresse de déterminer les formes suivant lesquelles elle devait instruire et juger les affaires qui lui étaient déférées. Cependant il était préférable de régler la matière par une loi. La Commission chargée de l'examen de la proposition de M. Morellet choisit M. Morellet lui-même comme son rapporteur, et les deux délibérations occupèrent le Sénat pendant une grande partie du mois de mars. Lorsque la Chambre des députés fut saisie, à son tour, de la proposition de loi, les poursuites contre le général Boulanger et ses deux complices, MM. Rochefort et Dillon, étaient déjà décidées. La Chambre, sous l'impulsion du Gouvernement, adopta, le 9 avril, par 309 voix contre 213 (1) la proposition déjà votée par le Sénat. La loi fut promulguée dès le lendemain.

Cette loi du 10 avril 1889 a trente-trois articles. Elle est divisée en quatre chapitres. Le chapitre Ier, intitulé : *Organisation du Sénat en Cour de justice*, contient les articles 1 à 5. Ces articles sont relatifs à la réunion de la Haute-Cour, aux cas d'excuse, au parquet et au greffe de la Haute-Cour et aux actes de procédure. Le chapitre II, intitulé : *De l'instruction et de la mise en accusation*, comprend les articles 6 à 14. Ils disposent que l'instruction est

(1) Voir le *Journal officiel* du 10 avril 1889.

faite par une Commission de neuf sénateurs. La Commission, réunie sous le nom de Chambre d'accusation, statue sur la mise en accusation, par décision spéciale, pour chaque inculpé sur chaque chef d'accusation. L'arrêt de mise en accusation contient une ordonnance de prise de corps. Le procureur général rédige ensuite l'acte d'accusation. L'arrêt et l'acte d'accusation doivent être notifiés aux accusés trois jours au moins avant le jour de l'audience.

Le chapitre III, intitulé : *Du jugement*, contient les articles 15 à 24. Nous les reproduisons intégralement :

« Art. 15. — Les débats sont publics. Ils sont présidés par le président du Sénat ou, à son défaut, par l'un des vice-présidents désignés par le Sénat.

« Art. 16. — Au commencement de chaque audience, il est procédé à l'appel nominal.

« Les sénateurs qui n'auront pas été présents à toutes les audiences ne pourront pas concourir au jugement.

« Ne pourront non plus y concourir les sénateurs composant la Commission organisée par l'article 7, s'ils sont récusés par la défense.

« Art. 17. — Toutes les exceptions, y compris celle d'incompétence, laquelle pourra toujours être relevée, même d'office, seront examinées et jugées, soit séparément du fond, soit en même temps que le fond, suivant ce que le Sénat aura ordonné.

« Art. 18. — Après l'audition des témoins, le réquisitoire du ministère public, les plaidoiries des défenseurs et les observations des accusés, qui auront les derniers la parole, le président déclare les débats clos et la Cour se retire dans la Chambre du conseil pour délibérer.

« Art. 19. — Pour chaque accusé, les questions sur la culpabilité et sur l'application de la peine sont formulées par le président et mises aux voix séparément.

« Art. 20. — Les débats publics étant clos, la discussion est ouverte en Chambre du conseil. Après quoi l'on procède au vote.

« Sur chaque question relative à la culpabilité et sur la question de savoir s'il y a des circonstances atténuantes, le vote a lieu pour chaque accusé dans la forme suivante :

« Il est voté séparément pour chaque inculpé sur chaque chef d'accusation.

« Le vote a lieu par appel nominal en suivant l'ordre alphabétique, le sort désignant la lettre par laquelle on commencera.

« Les sénateurs votent à haute voix, le président vote le dernier.

« Art. 21. — Si l'accusé est reconnu coupable, il lui est donné connaissance en séance publique de la décision de la Cour.

« Il a le droit de présenter des observations dans les termes de l'article 363 du Code d'instruction criminelle.

« Art. 22. — La décision sur l'application de la peine a lieu dans la même forme.

« Toutefois, si, après deux tours de vote, aucune peine n'a réuni la majorité des voix, il est procédé à un troisième tour, dans lequel la peine la plus forte proposée au tour précédent est écartée de la délibération. Si, à ce troisième tour aucune peine n'a encore réuni la majorité absolue des votes, il est procédé à un quatrième tour et ainsi de suite, en continuant à écarter la peine la plus forte, jusqu'à ce qu'une peine soit prononcée par la majorité absolue des votants.

« Art. 23. — Les dispositions pénales relatives au fait dont l'accusé sera déclaré coupable, combinées s'il y a lieu, avec l'article 463 du Code pénal, seront appliquées, sans qu'il appartienne au Sénat d'y substituer de moindres peines.

« Ces dispositions seront rappelées textuellement dans l'arrêt.

« Art. 24. — L'arrêt définitif sera lu en audience publique par le président; il sera notifié sans délai par le greffier à l'accusé. »

Le chapitre IV comprend les articles 25 à 32. Ils portent que les décisions ou arrêts du Sénat, pour être valables, doivent être rendus par la moitié plus un au moins de la totalité des sénateurs qui ont droit d'y prendre part, qu'elles ne sont susceptibles d'aucun recours, que les arrêts sont motivés, prononcés en audience publique, et qu'ils font mention des sénateurs qui y ont concouru. Ils traitent aussi des motifs d'abstention des sénateurs. Ils interdisent aux sénateurs, membres du Gouvernement, de prendre part à la délibération et au vote sur la culpabilité (1).

A peine votée, cette loi a été appliquée dans l'instruction du procès intenté au général Boulanger et à MM. Dillon et Rochefort. Nous n'avons pas à

(1) Nous donnons aux Pièces justificatives, n° VI, le texte complet de la loi du 10 avril 1889.

nous occuper de ce procès. Il résulte, en effet, tant du décret portant convocation de la Haute-Cour de justice que du réquisitoire introductif d'instance, de l'arrêt de mise en accusation, et surtout de l'arrêt rendu par la Haute-Cour, le 14 août 1889, que le général Boulanger a été poursuivi et condamné pour complot, attentat et détournement de deniers publics dont il était comptable. Sur ce dernier chef, il a été, il est vrai, condamné pour crime commis pendant son administration ministérielle, mais ce n'était là qu'une accusation accessoire; l'accusation principale était toujours celle de complot et d'attentat. Et le complot comme l'attentat ont eu leurs manifestations les plus décisives à l'époque où le général Boulanger avait cessé d'être Ministre de la Guerre. L'accusation contre le général Boulanger ne saurait donc être rangée au nombre des accusations criminelles qui ont été dirigées contre des ministres (1).

Il nous reste à dire un mot du procès intenté contre l'ancien Ministre des Travaux publics Baïhaut, en même temps que contre MM. Charles de Lesseps et Marius Fontane, administrateurs de la Compagnie de Panama, et MM. Sans-Leroy, Béral, Dugué de la Fauconnerie, Antonin Proust et Blondin. Il a été terminé par une condamna-

(1) Pour en demeurer convaincu, il suffit de lire : 1° la demande en autorisation de poursuites contre le général Boulanger, député de la Seine, adressée, le 4 avril 1889, par le procureur général près la Cour d'appel de Paris au président de la Chambre des députés (André Daniel, *L'année politique, 1889*, p. 253-258); — 2° L'acte d'accusation, en date du 15 juillet 1889, du procureur général près la Haute-Cour de justice contre Boulanger, Dillon et Rochefort (*Ibid.*, p. 258-272, principalement, p. 263 et suivantes); — 3° le réquisitoire du procureur général, prononcé aux audiences de la Haute-Cour de justice, les 8, 9 et 10 août 1889 (*Ibid.*, p. 292-332); — 4° enfin, l'arrêt de la Haute-Cour de justice, en date du 14 août (*Ibid.*, p. 162-164).

tion en cinq ans de prison, à la dégradation civique et à 750.000 fr. d'amende, prononcée contre l'accusé Baïhaut par la Cour d'assises de la Seine, le 21 mars 1893. L'accusé a été condamné en vertu des articles 177 et 179 du Code pénal; mais, en réalité, il résulte de la juridiction saisie, qui était celle de droit commun, et de l'ensemble de l'inculpation, que son procès a eu plutôt le caractère d'un procès en corruption de fonctionnaire public qu'une accusation criminelle contre un ministre. (1)

L'arrêt rendu, le 3 juin 1899, par la Cour de cassation, toutes Chambres réunies, dans l'instance en revision du procès du capitaine Alfred Dreyfus a eu pour conséquence de soulever une question de responsabilité à l'égard d'un des ministres du Cabinet Dupuy en 1894. Au cours de la séance du 5 juin 1899, la Chambre des députés fut saisie par son président, M. Paul Deschanel, d'une lettre de M. Lebret, garde des sceaux, relative à une demande de mise en accusation de M. le général Mercier, ancien Ministre de la Guerre du Cabinet Dupuy. Voici le texte de la communication du Gouvernement (2) :

« Paris, le 5 juin 1899.

« Monsieur le président,

« L'arrêt des Chambres réunies de la Cour de cassation, du samedi 3 juin 1899, renferme le passage suivant :

(1) *Gazette des tribunaux* du 9 au 22 mars 1893 ; — André Daniel, *L'année politique*, 1893; p. 104-110 et 115.

(2) *Journal officiel* du 6 juin 1899, p. 1574, col. 3. — Toutes les citations qui suivent sont empruntées au compte rendu sténographique du *Journal officiel* du 6 juin 1899.

« Sur le moyen tiré de ce que la pièce secrète : « Ce canaille de D... » aurait été communiquée au « Conseil de guerre :

« Attendu que cette communication est prouvée, « à la fois par la déposition du Président Casimir-« Perier et par celles des généraux Mercier et de « Boisdeffre eux-mêmes. »

« Que, d'une part, le Président Casimir-Perier « a déclaré tenir du général Mercier qu'on avait mis « sous les yeux du Conseil de guerre la pièce con-« tenant les mots : « Ce canaille de D... » regardée « alors comme désignant Dreyfus ;

« Que, d'autre part, les généraux Mercier et de « Boisdeffre, invités à dire s'ils savaient que la « communication avait eu lieu, ont refusé de « répondre, et qu'ils l'ont ainsi reconnu implicite-« ment. »

« Le fait, dont l'existence est ainsi constatée à la charge d'un ancien Ministre de la Guerre, par l'arrêt de la Cour, paraît tomber sous le coup des articles 114 et suivants du Code pénal.

« D'autre part, l'article 12 de la loi constitutionnelle du 16 juillet 1875 dispose, paragraphe 2, que « les ministres peuvent être mis en accusation par la Chambre des députés pour crimes commis dans l'exercice de leurs fonctions. En ce cas, ils sont jugés par le Sénat ».

« Dans ces conditions, le Gouvernement a l'honneur de vous demander de saisir la Chambre, à laquelle il appartient, conformément à l'article 12 susvisé, de décider s'il y a lieu à renvoi devant le Sénat.

« Veuillez agréer, monsieur le président, l'assurance de ma haute considération.

« *Le garde des sceaux, Ministre de la Justice,*

« *Signé :* GEORGES LEBRET. »

Après la lecture de cette lettre, qui fut plusieurs fois interrompue par des exclamations et des réflexions, M. Paul de Cassagnac s'écria que « la place de M. Dupuy était à côté du général Mercier ». Le président, M. Paul Deschanel, déclara ensuite que la lettre de M. le garde des sceaux serait imprimée, distribuée, et renvoyée à l'examen des bureaux.

Immédiatement après, deux députés, connus pour leur opposition à la revision du procès d'Alfred Dreyfus, MM. Lasies et Firmin Faure, déposèrent entre les mains du président la motion suivante :

« Les soussignés ont l'honneur de demander à la Chambre la mise en accusation de M. Charles Dupuy, président du Conseil des ministres de 1894, qui fit traduire Dreyfus devant le Conseil de Guerre. »

Des applaudissements retentirent sur les bancs de la droite, puis M. Ribot monta à la tribune pour protester, au nom des prérogatives de la Chambre, contre la communication que venait de faire le Gouvernement. Il s'exprima ainsi :

M. RIBOT. — M. le président du Conseil a cru devoir communiquer à la Chambre l'arrêt de la Cour de cassation ; je ne sais pas si cela est conforme aux précédents. Mais M. le président annonçait tout à l'heure que la lettre de M. le garde des sceaux allait être renvoyée à l'examen des bureaux;

eh bien ! je ne crois pas qu'il y ait lieu à cette procédure, et cela par une raison bien simple, c'est qu'il n'appartient pas au Gouvernement...

M. Pourquery de Boisserin. — C'est cela !

M. Ribot. — ... de provoquer, de mettre en mouvement la procédure de mise en accusation d'un ministre. (*Très bien ! très bien ! sur divers bancs au centre.*)

« La Chambre, devant qui les ministres sont responsables, a le droit, mais elle a seule le droit, de les mettre en accusation. » (*Applaudissements au centre et à droite.*)

Très vivement pris à partie par l'extrême gauche, M. Ribot termina ses observations par les paroles suivantes :

« ... Je revendique le droit de la Chambre. Si, en ce moment, on renvoie aux bureaux la lettre de M. le garde des sceaux, que pourront faire les bureaux ? S'ils prennent l'initiative d'une demande de mise en accusation, c'est alors le Gouvernement qui aura mis en accusation ses prédécesseurs.

« Il n'en a pas le droit ! (*Très bien ! très bien ! sur divers bancs.*)

« Quand une proposition aura été faite, elle sera discutée, renvoyée aux bureaux, mais elle sera renvoyée comme un acte de l'initiative parlementaire, et non pas comme un acte du Gouvernement.

« Et maintenant, que la Chambre me permette d'ajouter un seul mot.

« Il s'agit en ce moment, ne l'oubliez pas, messieurs, d'un acte de justice qu'on vous demande de faire. Je suis de ceux qui ont jugé sévèrement les actes qui ont été commis à un certain moment ; je suis aussi de ceux qui blâment ceux qui trop longtemps les ont couverts... (*Applaudissements à gauche.*)

« *A l'extrême gauche.* — Comme M. Méline. (*Bruit.*)

M. Ribot. — Mais à l'heure où il s'agit de faire un acte de justice, je vous adjure, messieurs, de prendre le temps de réfléchir, de ne pas recourir à des procédures précipitées, de ne pas mêler la question ministérielle à la question plus haute de la justice. (*Très bien! très bien!*)

« Si une motion est faite, nous l'examinerons, mais comme il convient, c'est-à-dire comme des juges. » (*Applaudissements au centre.*)

M. Millerand succéda à la tribune à M. Ribot. La question qui est posée à la Chambre, dit-il, est celle-ci : « Convient-il de mettre en accusation M. le général Mercier, ancien Ministre de la Guerre ? » Que propose M. Ribot? Il ne propose pas de répondre : Non, il n'y a pas lieu de mettre en accusation le général Mercier; il dit à la Chambre : « Ne répondez pas à la question posée par l'arrêt de la Cour de cassation ; réfugiez-vous dans l'abstention. »

L'orateur continua en ces termes :

« Prenez vos responsabilités, » nous dit M. Ribot. Eh bien, oui! il y a en ce moment une responsabilité à prendre, pour la Chambre. Cette responsabilité, la lettre de M. le garde des sceaux la place devant elle ; il n'est pas possible que nous nous dérobions et que nous refusions de répondre à la question qui nous est soumise. (*Applaudissements à l'extrême gauche.*)

« Je comprends à merveille, messieurs, que

beaucoup d'entre vous pensent qu'il faut répondre « non » à la question posée. Je comprends que, soit pour des raisons juridiques, soit pour des raisons politiques, des députés estiment qu'il ne faut pas mettre en accusation l'ancien Ministre de la Guerre. Mais il faut le dire ; il faut en prendre la responsabilité. (*Vifs applaudissements à l'extrême gauche.*) Ce qui ne vous est pas possible, c'est d'échapper à la question qui vous est soumise. Est-ce que la Chambre tout entière, quelle que soit l'opinion de chacun de ses membres sur le fond, ne sent pas que lorsqu'une pareille question est posée, il faut la résoudre et la résoudre vite. (*Très bien ! très bien ! à l'extrême gauche.*)

M. Julien Goujon. — Légalement !

M. Millerand. — En conséquence, je demande à la Chambre, alors que M. le président a annoncé que la lettre de M. le garde des sceaux serait renvoyée aux bureaux, de décider qu'elle se réunira demain à deux heures dans ses bureaux pour nommer une Commission de trente-trois membres, chargée d'examiner les conséquences qui découlent de la lettre de M. le garde des sceaux. » (*Applaudissements à l'extrême gauche. — Mouvements divers.*)

Après un discours, dans lequel M. Lasies reprocha au Ministère présidé par M. Dupuy de vouloir, en envoyant le général Mercier devant la Haute-Cour, supprimer un témoin gênant qui aurait déposé devant le Conseil de guerre de Rennes appelé à juger de nouveau Alfred Dreyfus, M. Pourquery de Boisserin reprit la thèse de M. Ribot.

En renvoyant la proposition du Gouvernement aux bureaux, dit-il à la Chambre, « vous créez une présomption de culpabilité, devant le pays tout entier, contre M. le général Mercier, avant la décision du Conseil de guerre... On pourra supposer, bien à tort, que vous ne voulez pas laisser le Conseil de guerre juger librement ».

Pour mettre fin aux scrupules d'ordre juridique et constitutionnel qui avaient été émis par M. Ribot et renouvelés par M. Pourquery de Boisserin, M. René Viviani déposa sur le bureau de la Chambre la proposition suivante :

« La Chambre décide qu'il y a lieu de nommer dans ses bureaux une Commission de trente-trois membres, chargée d'examiner s'il y a lieu de mettre en accusation, pour crimes commis dans l'exercice de ses fonctions, M. le général Mercier, ancien Ministre de la Guerre. » (1)

Puis, après avoir demandé le renvoi aux bureaux de ce projet de résolution, en même temps que de la lettre du garde des sceaux, M. Viviani continua en ces termes :

M. René Viviani. — ... Ce qu'il faut pour traîner un ancien ministre devant une Commission, c'est qu'il y ait présomption d'un crime prévu par le Code pénal. Y a-t-il contre M. le général Mercier une présomption de crime ? Voilà la question.

« Je m'en réfère sur ce point à l'arrêt de la Cour de cassation devant lequel j'ai entendu dire

(1) Ce projet de résolution porte les signatures de MM. Viviani, Allard-Bénézech, Berthelot, Boyer, Jules-Louis Breton (Cher), Cadenat, Calvinhac, Carnaud, Chauvière, Colliard, Coutant, Dejeante, Devèze, Dufour, Ferrero, Fournière, Paschal-Grousset, Groussier, Clovis Hugues, Krauss, Létang, Lassalle, Légitimus, Millerand, Palix, Pastre, Poulain, Renou, Rouanet, Sauvanet, Sembat, Vaillant, Pierre Vaux, Walter et Zévaès.

que tout le monde devait s'incliner. (*Applaudissements à l'extrême gauche et à gauche. — Bruit à droite.*)

M. Paul Beauregard. — Je demande la parole.

M. René Viviani. — Messieurs, je n'ai pas à rappeler au souvenir de la Chambre les considérants très fermes, très précis qu'elle a lus avant-hier dans les journaux, et qui font peser une présomption si grave sur la tête de M. le général Mercier.

« Je n'ai pas à rappeler que la Cour de cassation déclare qu'il est constant dès à présent qu'au Conseil de guerre qui siégeait en 1894 des pièces ont été communiquées sans avoir été soumises au contrôle de la défense ; que ces pièces étaient fausses ou tout au moins fausses par leur non applicabilité à l'accusé. De sorte — et je regrette que sur ce point la lettre de M. le garde des sceaux ait été si laconique, — que nous pouvons déjà, avec le seul arrêt de la Cour, rien qu'en extrayant le considérant auquel je fais allusion, trouver deux présomptions de crime contre M. le général Mercier, et ces deux présomptions, je les établis.

« Tout d'abord je dis qu'il y a présomption de crime contre un ministre qui, maître de l'action publique, se permet de communiquer au Conseil de guerre, loin du regard de l'accusé, sans qu'il puisse les connaître et les discuter, des pièces qui peuvent servir à le déshonorer et à le faire condamner. (*Applaudissements à l'extrême gauche et sur divers bancs à gauche.*) Et il serait vraiment extraordinaire qu'un crime pareil, qui déshonore l'humanité (*Applaudissements sur les mêmes bancs.*)

ne pût pas trouver une sanction dans la loi pénale et que, législateurs chargés de faire la loi, chargés aussi d'en surveiller l'application, nous soyons obligés, comme l'honorable M. Ribot pendant ces six derniers mois, d'exhaler des plaintes éloquentes, mais qu'au moment de l'action nous reculions devant les conséquences. » (*Applaudissements à gauche.*)

M. Viviani examine ensuite la disposition de l'article 114 du Code pénal, puis il demande à ses adversaires s'ils veulent, en s'emparant des termes de cet article, soutenir que la jurisprudence n'ayant prévu que des cas définis, on peut écarter le fait reproché au général Mercier. Le général Mercier, en effet, n'a pas arrêté illégalement ; il n'a pas non plus placé un coupable dans un lieu qui n'était pas déterminé. Il a fait autre chose. Et l'orateur continue ainsi :

M. René Viviani. — Qu'a-t-il fait ? Il a communiqué des pièces secrètes qui ont transformé la prévention provisoire en détention définitive ! (*Vifs applaudissements à l'extrême gauche et à gauche.*)

« ...Eh bien ! je dis, moi, qu'arrêter un citoyen illégalement, c'est un crime, mais que je ne fais aucune comparaison entre ce crime, malheureusement vulgaire dans notre démocratie, et cet autre crime contre lequel nous devons nous élever, qui ne doit pas se renouveler, et qui consiste, lorsqu'un accusé a son défenseur, lorsque pendant des mois et des mois il s'est trouvé en présence d'accusations formelles, lorsqu'il a réuni toute son énergie pour y faire face, à le poignarder traîtreusement dans le dos sans qu'il sache par quelle arme empoisonnée il est frappé ? (*Vifs applaudissements à l'extrême gauche et à gauche.*)

« Ce crime existerait déjà si la pièce communiquée au Conseil de guerre était une pièce vraie, je veux dire par là une pièce applicable à l'accusé. Car personne n'a le droit de soustraire au regard de l'accusé une pièce quelconque, parce que, même quand on peut conclure contre lui avec cette pièce, on ignore s'il ne peut pas produire lui-même des atténuations.

« Mais que dire lorsque l'on sait par l'arrêt de la Cour que, non seulement on a communiqué une pièce secrète, mais que cette pièce secrète n'était pas applicable à l'accusé ? » (*Applaudissements sur les mêmes bancs.*)

L'orateur poursuit en rappelant que la pièce dont il s'agit était celle qui commençait par ces mots : « Ce canaille de D... » Le Conseil de Guerre a pu, a dû croire de très bonne foi, que ces mots s'appliquaient à l'accusé. Il se peut que le général Mercier lui-même ait été de bonne foi. Il établira sa bonne foi devant la Commission dont parle l'article 12 de la loi constitutionnelle du 16 juillet 1875. En attendant, et sans vouloir attaquer un absent, M. Viviani déclare qu'il y avait entre les mains du général Mercier, qu'il y avait dans le dossier du Ministère de la Guerre une pièce sur laquelle un autre nom que le nom de Dreyfus était écrit, c'était celui de « Dubois. » Il continue ainsi :

M. René Viviani. — Eh bien, je demande ce qu'aurait fait le Conseil de guerre si, d'une part, on lui avait montré la pièce : « Ce canaille de D... » et qu'on eût mis, d'autre part, sous ses yeux, l'autre pièce portant le nom de « Dubois ». Est-ce que le Conseil de guerre aurait attribué à Dreyfus la première pièce : « Ce canaille de D... » ? (*Applaudissements à gauche.*)

« Voilà les premières présomptions de crime auxquelles s'appliquent l'article 114 et l'article 148 du Code pénal.

« Il y a autre chose, et je demande de compléter à la tribune la lettre du garde des sceaux. Nous avons entendu parler aussi d'une dépêche Panizzardi, et nous savons tous —, je ne veux pas réveiller des polémiques et des controverses sur ces faits, — qu'il y a eu deux versions de cette dépêche : une première version a été remise, avec un point d'interrogation qui indiquait le doute, au Ministère de la Guerre, et quarante-huit heures après, avant le jugement par conséquent, avant la réunion du Conseil, une seconde version était donnée par le Ministère des Affaires étrangères.

« Qu'aurait-on dû faire ? Deux choses : ou bien ne rien verser au procès, c'était une solution ; ou bien y verser les deux versions de la dépêche en les soumettant aux juges et en leur demandant de discuter eux-mêmes entre ces deux versions.

« Qu'a-t-on fait ? On a gardé la seconde version du Ministère des Affaires étrangères, mais on a communiqué celle qui était fausse. (*Applaudissements à l'extrême gauche et sur plusieurs bancs à gauche et au centre. — Interruptions à droite.*)

M. Delcassé, *Ministre des Affaires étrangères.* — Monsieur Viviani, voulez-vous me permettre un simple mot ? Il n'y a jamais eu, au Ministère des

Affaires étrangères, qu'une seule version de la dépêche Panizzardi.

M. René Viviani. — Voilà les conséquences de l'interruption qu'a bien voulu faire M. le Ministre des Affaires étrangères. Il n'y avait qu'une seule version, celle contre laquelle vous protesterez d'autant moins que la signature du commandant Cuignet et celle du général Chamoin se trouvent au bas.

M. Lasies. — Avec réserve. M. Delcassé n'a pas lu tout le procès-verbal.

« Je demande la parole.

M. René Viviani. — Et on en a communiqué une qui était sans existence, qui était donc fausse. Voilà une autre présomption de crime prévue par l'article 148 du Code pénal. Messieurs, il y a une quatrième présomption de crime que nous établissons contre le général Mercier. Quelle est-elle ? Sur ce point, qui constitue un fait, nous allons nous trouver d'accord.

Il y avait au dossier secret du Ministère de la Guerre un commentaire qui portait nomenclature et définition de certaines pièces. Il s'est produit ceci, — et c'est là ce qui résulte de la déposition du général Gonse, — que le commentaire qui était en dépôt public y est resté soigneusement gardé jusqu'au 27 octobre 1897. A cette date, — c'est toujours M. le général Gonse qui parle, — M. le général Mercier est venu dans le cabinet du général Gonse, et ensemble ils ont procédé à la destruction de cette pièce.

« .....Je dis qu'une pièce a été soustraite, a été détruite par M. le général Mercier, aidé de M. le général Gonse. Allant au-devant de l'argument, je me demande si le général Mercier ne peut pas soutenir qu'il a procédé à la destruction d'une pièce qui était sa propriété personnelle, et je rappelle deux faits. Je rappelle d'abord que, si le général Mercier avait pu considérer qu'il avait la propriété personnelle de cette pièce, il l'aurait emportée en quittant le Ministère. Il y a un autre fait, c'est celui de M. Cavaignac prenant du carnet de M. Lebrun-Renault une copie, mais la laissant derrière lui, en quittant le Ministère de la Guerre, et ne la considérant pas comme sa propriété personnelle. (*Interruptions à droite.*)

« Voilà la quatrième présomption de crime prévue par l'article 173 du Code pénal.

M. Camille Pelletan. — Cette pièce a d'ailleurs été détruite aussi.

« M. René Viviani. — Il appartient à la Chambre de savoir si, en présence de ces faits qui sont définis, qui peuvent être prouvés demain, elle va reculer devant ses responsabités; il appartient à la Chambre de dire si, en présence d'un homme contre lequel quatre présomptions de crimes sont établies, elle ne va pas se prononcer. Je me rappelle quelques-uns des débats auxquels nous avons pris part. Lorsqu'un juge d'instruction se permet d'arrêter irrégulièrement un citoyen, la Chambre se dresse, et je me souviens qu'il y a deux ans, à cette tribune, dans un débat que j'avais soulevé, nous avons obtenu du ministre Darlan des mesures contre des juges d'instruction ; lorsqu'un magistrat commet une illégalité, nous protestons tous, et nous avons raison. Est-ce que vous reculeriez, vous qui êtes prêts à toutes les répressions lorsqu'il s'agit d'un humble fonctionnaire, uniquement parce que vous vous trouvez face à face avec un chef militaire? (*Applaudissements à l'extrême gauche et à gauche.*)

M. Prache. — On communique tous les jours des dossiers de police au tribunal correctionnel!

M. René Viviani. — Je dis que le devoir de la Chambre est tracé, et que ce devoir elle saura l'accomplir. Vous devez, messieurs, la répression pour les faits qui se sont produits dans le passé, et vous le devez parce que, en poursuivant le coupable, vous empêcherez, dans l'avenir, le retour de ces crimes contre lesquels proteste la conscience humaine. » (*Vifs applaudissements à l'extrême gauche et à gauche. — L'orateur, en retournant à son banc, reçoit les félicitations de ses amis.*)

La discussion ayant été close, la Chambre des députés adopta, par 299 voix contre 238, sur 537 votants, une proposition de résolution de M. Pourquery de Boisserin, ainsi conçue :

« La Chambre, résolue à respecter la complète liberté du Conseil de guerre de Rennes, donne acte au Gouvernement de sa communication, et passe à l'ordre du jour. »

Par suite de ce vote, toutes les accusations portées contre le général Mercier, ancien Ministre de la Guerre, ont été ajournées jusqu'après la sentence du Conseil de guerre réuni à Rennes, pour juger Alfred Dreyfus. Seront-elles reprises ou seront-elles abandonnées? Nul ne saurait le dire. Mais il est certain que l'accusation dirigée contre le général Mercier est bien différente des accusations portées, en 1828, contre le Ministère Villèle, et de celles dirigées, en 1848, contre le Ministère Guizot, en 1849, contre le Ministère Odilon Barrot, et, en 1879, contre les Ministères qu'avaient présidés, en 1877, M. le duc de Broglie et le général de Rochebouët.

Quoiqu'il en soit, s'il arrivait qu'une proposition d'accusation relative à des ministres déterminés, ou à un Ministère tout entier fût admise par la Chambre des députés, cette proposition suivrait son cours d'après les précédents observés dans le procès des ministres de Charles X. Nous avons fait connaître ces précédents, et ils ont été rappelés dans tous les projets de loi sur la matière, spécialement dans ceux des gardes des sceaux Barthe et Persil, en 1832 et en 1834, dans le projet dont M. Crémieux était le rapporteur en 1849, et dans la proposition de loi que M. Pascal Duprat a déposée, en 1878, sur le bureau de la Chambre des députés. En pareil cas, lorsque la Chambre des députés, sur le rapport de sa Commission et après avoir observé les délais réglementaires, a prononcé la mise en accusation, le président du Sénat, au vu de l'accusation, décerne une ordonnance de prise de corps contre le ministre accusé ou contre les ministres accusés, et le Sénat, transformé en Haute-Cour de justice, juge les accusés après avoir entendu les réquisitions des commissaires de la Chambre et les plaidoiries des défenseurs.

PIECES JUSTIFICATIVES

I

Acte du Parlement d'Angleterre, déclarant quels faits sont réputés crimes de haute trahison (14 mai 1649).

« Attendu que le Parlement a aboli la royauté en Angleterre, en Irlande, et dans les domaines et territoires qui en dépendent, et qu'après avoir décidé et déclaré que le peuple anglais serait à l'avenir gouverné par ses propres représentants, choisis et nommés par lui pour cet effet, il a établi un Gouvernement sous la forme de République et d'Etat libre, sans roi ni Chambre des pairs, il est décrété par le présent Parlement, que si quelques personnes publient malicieusement ou à dessein, soit par écrit, soit dans des discours, que ledit Gouvernement est tyrannique, usurpé et illégitime, ou que les Communes assemblées en Parlement ne possèdent pas l'autorité suprême de cette nation, ou que si ces personnes complotent, ou tentent de soulever le peuple contre le présent Gouvernement, soit pour la subversion, soit pour le changement dudit Gouvernement, leur crime sera réputé crime de haute trahison par l'autorité du présent Parlement.

« Attendu, de plus, que les gardiens des libertés de l'Angleterre, et le Conseil d'État aujourd'hui constitué, ou qui pourra être constitué à l'avenir par l'autorité du Parlement, doivent être, sous l'autorité de ce même Parlement, chargés du maintien dudit Gouvernement avec les différents pouvoirs qui leur auront été donnés et assignés par le Parlement, il est de même décrété par l'autorité susdite que si quelques personnes conspirent malicieusement, et à dessein, pour renverser les dits gardiens des libertés de l'Angleterre, ou le Conseil d'État, ou qu'elles excitent d'autres personnes à le faire, ou soulèvent le peuple contre eux, ces personnes seront réputées coupables du crime de haute trahison.

« Et attendu que le Parlement, pour sa juste et légitime défense, a levé et équipé une armée sous le commandement de Thomas lord Fairfax, et qu'il est à présent forcé, en raison des troubles intérieurs de la République et des menaces du dehors, de conserver ladite armée qui, avec l'aide de Dieu, doit être le moyen de maintenir cette brave nation en paix et en sûreté, il est également décrété par l'autorité susdite que, si quelques personnes, qui ne seraient ni officiers, ni soldats, ni membres de l'armée, conspirent et cherchent à exciter quelque mutinerie dans ladite armée, ou à détourner les soldats de l'obéissance qu'ils doivent à leurs chefs ou au présent Gouvernement, ou si elles invitent et aident les étrangers à envahir l'Angleterre, ou si elles se joignent à des forces levées par les ennemis du Parlement, ou de la République, ou des gardiens des libertés d'Angleterre, ou si elles contrefont le grand sceau d'Angleterre employé et désigné par l'autorité dudit Parlement, ces personnes seront jugées et réputées coupables du crime de haute trahison, et souffriront la peine de mort; tous leurs biens, leurs terres, leurs héritages et leurs châteaux seront vendus, par les soins des gardiens des libertés de l'Angleterre, au profit de la République, pourvu toutefois que les personnes accusées de ces crimes aient été poursuivies dans le courant de la même année où le crime aura été commis. »

II

Proposition de loi sur la responsabilité présidentielle, présentée par M. Pascal Duprat, député (1).

EXPOSÉ DES MOTIFS

Messieurs, la Constitution, en plaçant le chef de l'État au-dessus des autres citoyens, n'a pas voulu le mettre au-dessus des lois; elle n'en a fait ni un roi ni un dictateur. Si, par un reste de culte monarchique, il ne répond pas des actes du Gouvernement et de l'Administration qui ne sont imputables qu'aux ministres, il devient responsable dans le cas de haute trahison. Voilà pour le magistrat ou l'homme public. Quant à l'homme privé, il reste soumis au droit commun, et la loi peut l'atteindre comme le dernier des citoyens.

Que le chef de l'Etat soit irresponsable dans un Gouvernement monarchique, rien de plus naturel et de plus légitime. La logique du système l'exige. Que deviendrait le prestige de la royauté si le chef de la famille régnante pouvait descendre au rôle d'accusé et être jeté en prison par ses sujets? Toutes les Constitutions monarchiques déclarent

(1) Séance de la Chambre des députés du 19 janvier 1878, annexe n° 312. — *Journal officiel* du 3 février 1878, p. 1023-1024.

inviolable et sacrée la personne du roi et rejettent toute la responsabilité sur ses ministres. Le roi ne peut mal faire; c'est là le dogme fondamental du régime. Les révolutions manquent quelquefois de respect à ce mensonge constitutionnel; mais il n'en reste pas moins la loi suprême de l'Etat dans toutes les monarchies.

Il n'en saurait être de même dans une République. Le pouvoir n'y est pas un patrimoine, mais une fonction, et le citoyen qui en est investi doit compte au peuple ou à ses représentants de la manière dont il remplit son mandat. Magistrat essentiellement temporaire, élevé aujourd'hui au pouvoir pour en descendre demain, il est toujours en face de la justice nationale qui peut le poursuivre en cas de forfaiture et abaisser sur lui le glaive de la loi.

C'est donc avec raison que notre Constitution républicaine a établi dans une certaine mesure, sinon d'une manière absolue, la responsabilité du chef de l'Etat. Elle s'est bornée, comme elle le devait, à en proclamer le principe dans une formule générale, et il reste au législateur, c'est-à-dire à vous, messieurs, à en régler l'application par des dispositions particulières.

Quels sont les crimes et les délits qui peuvent et doivent donner lieu à une accusation contre le Président de la République? Quelles doivent être les formes et les conditions de la poursuite? Enfin quelles seront les peines en cas de condamnations? Telles sont les questions que vous avez à résoudre et qui sont l'objet de la proposition que j'ai l'honneur de vous présenter.

Ces problèmes ne sont pas nouveaux dans notre histoire parlementaire; ils ont été agités plus d'une fois dans nos assemblées politiques. Notre première République les a discutés : nous les retrouvons dans les débats de notre seconde République, où ils ont donné lieu à un examen plus approfondi.

Quelques mois après la Révolution de Février, au lendemain même de la Constitution qui venait d'être donnée à la France, un premier projet fut présenté à l'Assemblée constituante. Ce projet y fut favorablement accueilli par le Comité de législation; mais au moment d'être discuté à la tribune, il fut renvoyé au Conseil d'Etat. On le reprit avec certaines modifications à l'Assemblée législative, et une Commission fut chargée de l'examiner. Je faisais moi-même partie de cette Commission. Nous consacrâmes de longues séances à cette œuvre importante : notre travail allait être terminé, quand l'attentat du 2 Décembre vint mettre un homme à la place de la loi et détruire d'un seul coup toutes nos libertés publiques.

La différence des temps et des institutions ne m'a pas permis, comme je l'aurais voulu, de reproduire ici ce projet; il aurait eu sans doute plus d'autorité à vos yeux. Je n'en ai conservé que les parties qui s'accordent avec la Constitution actuelle. Les autres parties sont inspirées par le même esprit, et si la forme peut en être critiquée, le fond, j'ose le dire, est digne de votre attention et de vos suffrages.

Une loi de cette nature ne saurait être l'œuvre d'un parti : elle ne doit ressembler en rien à ces lois de rancune ou de colère qui échappaient quelquefois aux Assemblées les plus honnêtes dans les temps de trouble et de passion. De quoi s'agit-il? D'armer la liberté contre les excès possibles et presque inévitables du pouvoir. Quoi de plus digne d'une Assemblé investie de la confiance d'une grande nation?

Le chef de l'Etat lui-même ne peut qu'être favorable à une pareille loi. Si un pouvoir sans frein offre des séductions auxquelles il semble difficile de résister, il n'y a de solide et de durable qu'un pouvoir contenu dans de sages limites. C'est le seul, d'ailleurs, qui convienne à un honnête homme. « La nécessité de répondre à la nation de l'exercice de l'autorité, disait de Serre, n'effrayera pas un homme de bien. »

PROPOSITION DE LOI

I. — Disposition générale.

Le Président de la République est responsable, devant les Chambres, en cas de haute trahison. Il ne répond pas des actes du Gouvernement et de l'Administration, qui n'engagent que la responsabilité des ministres.

TITRE PREMIER

DES CAUSES D'ACCUSATION CONTRE LE PRÉSIDENT DE LA RÉPUBLIQUE

Article premier. — Les causes d'accusation contre le Président de la République sont :

1° La haute trahison;

2° Tout crime qui, d'après la loi commune, entraîne une peine afflictive et infamante, ou une peine infamante;

3° Les délits de droit commun.

Art. 2. — Il y a crime de haute trahison de la part du Président de la République lorsque, par une mesure quelconque, il met obstacle à l'exercice du pouvoir législatif dans les limites de la Constitution, notamment s'il dirige contre les Chambres, ou contre l'une d'entre elles, la force publique ou un attroupement quelconque; si, en cas d'attaque, il ne prend pas les mesures nécessaires pour les protéger, ou s'il paralyse les mesures qu'elles ont elles-mêmes ordonnées pour leur défense.

Art. 3. — Il y a également crime de haute trahison de la part du Président de la République :

1° S'il se rend coupable de crimes contre la sûreté de l'Etat;

2° S'il entreprend une guerre sans le consentement préalable du pouvoir législatif;

3° S'il introduit ou laisse introduire, sans le consentement des Chambres, des troupes étrangères sur le territoire de la République;

4° S'il se rend coupable d'actes ou de manœuvres ayant pour objet de suspendre ou de renverser la Constitution.

TITRE II

DE LA POURSUITE

Art. 4. — Toute demande en accusation portée

contre le Président de la République, par les membres de la Chambre des députés, devra être revêtue de dix signatures au moins et déposée entre les mains du président de la Chambre.

Les bureaux seront immédiatement convoqués pour nommer une Commission.

Si une enquête lui paraît nécessaire, la Commission y procède par elle-même ou par délégation.

Art. 5. — Les témoins assignés qui ne paraissent pas sont condamnés à une amende de 100 à 200 francs; ils sont réassignés; ils peuvent être contraints par corps à comparaître et, en cas de non comparution ou de refus de déposer, condamnés par la Commission à un emprisonnement de trois jours à un mois.

Art. 6. — La Commission délègue cinq de ses membres pour recevoir les réponses du Président de la République.

Si les confrontations sont nécessaires, elles ont lieu devant les délégués; il est tenu du tout procès-verbal, signé par les délégués, l'inculpé et les témoins.

Art. 7. — Quel que soit l'avis qu'elle adopte, la Commission nomme un rapporteur qui rend compte à la Chambre en comité secret.

Le Président inculpé peut être entendu dans tous les cas avant le vote de la Chambre.

Art. 8. — La question est ainsi posée par le président de l'Assemblée :

« Y a-t-il lieu de décréter d'accusation le Président de la République pour crime de...? »

L'Assemblée vote au scrutin secret par appel nominal.

L'accusation n'est prononcée que si elle est votée par la moitié plus un des membres composant l'Assemblée.

Art. 9. — Les bulletins qui ne renferment pas de vote écrit sont comptés comme favorables à l'inculpé.

Le vote favorable s'exprime par ces mots : « Il n'y a pas lieu » ; le vote contraire par les mots suivants : « Il y a lieu ».

Le résultat est proclamé immédiatement par le président de la Chambre.

Art. 10. — Si la question est résolue affirmativement, le président prononce en ces termes :

« La Chambre déclare qu'il y a lieu contre le Président de la République à une accusation de...... Elle autorise la poursuite devant le Sénat. »

Art. 11. — La Chambre nomme immédiatement, à la majorité absolue des suffrages, les magistrats qui devront remplir les fonctions de ministère public devant le Sénat.

Art. 12. — La résolution est transmise par le président de la Chambre au président du Sénat et à l'inculpé, qui cesse immédiatement ses fonctions.

Jusqu'à l'arrêt définitif, le pouvoir exécutif passe aux mains du Conseil des ministres.

Dans le cas où le Cabinet serait compris lui-même dans l'accusation, le Congrès se réunirait immédiatement pour nommer un Président intérimaire.

TITRE III

DES PEINES

Art. 13. — Sur la réquisition de l'un des magistrats chargés par la Chambre de remplir devant le Sénat les fonctions de ministère public, s'il s'agit d'un crime ou d'un délit prévu par la loi commune, le Sénat prononcera la peine portée par la loi.

Si l'accusé est reconnu coupable de trahison, la peine sera la déportation.

Elle sera la détention et le bannissement, quand le Sénat aura déclaré des circonstances atténuantes.

TITRE IV

DES ACTIONS CIVILES ET DES DEMANDES EN RÉPARATIONS CIVILES CONTRE LE PRÉSIDENT DE LA RÉPUBLIQUE

Art. 14. — Toute action civile contre le Président de la République est suivie devant les tribunaux selon les règles ordinaires de la procédure.

Art 15. — Le Président de la République ne peut être actionné pour les réparations civiles que devant le Sénat, avec l'autorisation de la Chambre des députés.

TITRE V

DES CAS OU LE PRÉSIDENT DE LA RÉPUBLIQUE EST RÉPUTÉ AVOIR ABDIQUÉ SES FONCTIONS

Art. 16. — Le Président de la République est réputé avoir abdiqué ses fonctions :

1° S'il sort du territoire de la République sans y être autorisé par une loi ;

2° S'il refuse de se rendre dans la ville fixée par la Constitution pour être le siège du pouvoir législatif.

Dans chacun de ces cas, le Congrès se réunit immédiatement, proclame l'abdication du Président de la République et fixe le jour où un nouveau Président sera élu.

III

Rapport sommaire fait au nom de la 3e Commission d'initiative parlementaire (1) chargée d'examiner la proposition de loi de M, Pascal Duprat sur la responsabilité présidentielle, par M. Durand (Ille-et-Vilaine), député (2).

Messieurs, la proposition présentée par l'honorable M. Pascal Duprat a pour objet de préciser les causes d'accusation contre le Président de la République, de fixer le mode et la fin des poursuites, d'organiser et de règler ainsi la responsabilité présidentielle, tant dans l'ordre criminel que dans l'ordre civil.

Haute trahison, crimes et délits de droit commun, tels sont les faits qui peuvent motiver une mise en accusation.

A la Chambre, le droit de décréter l'accusation, au Sénat celui de juger l'inculpé.

La poursuite n'est ordonnée que si elle est décidée par la moitié plus un des membres composant l'Assemblée. Quand elle est votée, la Chambre des députés nomme à la majorité absolue les magistrats qui rempliront les fonctions de ministère public devant le Sénat. L'inculpé cesse immédiate-

(1) Cette commission est composée de MM. Bernier, président; Lacascade, secrétaire; Malézieux, Mollien, Greppo, Patissier, Durand, (Ille-et-Vilaine), Logerotte, Develle, Casse (Germain), Mestreau, Guillemin, Talandier, Perras, Lesguillon, Chalamet, Devaux, Nadaud (Martin), de La Rochette, baron de Bourgoing, Colin, Daron.

(2) Séance de la Chambre des députés du 24 mai 1879, annexe n° 1416. — *Journal officiel* du 12 juin 1879, p. 5022.

ment ses fonctions, et, en attendant l'arrêt définitif, le pouvoir est remis soit au Conseil des ministres, soit à un Président intérimaire élu par l'Assemblée nationale, si le Ministère est lui-même compris dans l'accusation

Au cas de condamnation, les peines varient. Pour la haute trahison, c'est la déportation si le verdict est pur et simple, la détention ou le bannissement s'il est mitigé par l'admission de circonstances atténuantes; pour les crimes et les délits prévus par la loi commune, c'est la peine portée par la loi.

Les actions civiles sont soumises aux règles ordinaires de la procédure. Cependant le Sénat a une compétence exclusive pour statuer, après autorisation de la Chambre des députés, sur les réparations civiles ou demandes en dommages-intérêts fondées sur un fait délictueux.

Telle se présente, dans ses traits essentiels, la proposition de notre honorable collègue. Ajoutez qu'un dernier article spécifie deux cas dans lesquels le Président de la République sera réputé avoir abdiqué ses fonctions, savoir : 1° s'il sort du territoire national sans y être autorisé par une loi ; 2° s'il refuse de se rendre dans la ville fixée par la Constitution pour être le siège du pouvoir législatif.

La haute portée d'un semblable projet ne pouvait échapper, messieurs, à votre Commission, et c'est dans son principe même qu'elle a dû l'envisager tout d'abord.

Chez un peuple qui donne pour bases à ses institutions le dogme de la souveraineté nationale, le pouvoir ne peut être qu'une fonction, puisqu'il n'est rationnellement que l'autorité instituée librement et à temps pour assurer l'exécution des lois et pourvoir à l'administration générale du pays. Quelque élevé qu'il soit, celui qui l'exerce ne saurait donc être au-dessus des lois; comme le plus humble citoyen, il est soumis à leur empire, et dès lors il ne peut ni les violer ni oublier ses engagements sans devenir responsable de ses actes.

La Constitution de l'an III avait déjà cru devoir le dire nettement; parmi ses nombreuses dispositions il y en avait une, — et ce n'était pas la moins importante, — qui déférait à une Haute-Cour de justice les accusations admises par le Corps législatif contre les membres du Directoire exécutif. La responsabilité du Président de la République avait été aussi hautement proclamée par la Constitution du 4 novembre 1848, et l'on sait qu'aux États-Unis la Chambre des représentants peut et qu'elle sait, quand elle s'y croit obligée, mettre le Président en accusation devant le Sénat.

Organiser la responsabilité présidentielle, c'est donc, messieurs, donner satisfaction à un principe de justice et de raison. C'est plus encore : c'est appliquer et développer une règle inscrite dans notre Constitution. La loi du 25 février 1875 ne dispose-t-elle pas, en effet, dans son article 6, que « le Président de la République est responsable dans le cas de haute trahison » ? Dans son article 9, la loi du 24 février de la même année ne dit-elle pas, à son tour, que « le Sénat peut être constitué en Cour de justice pour juger le Président de la République » ? Ne lit-on pas enfin dans l'article 12 de la loi du 16 juillet 1875, « que le Président de la République ne peut être mis en accusation que par la Chambre des députés; qu'il ne peut être jugé que par le Sénat; qu'une loi déterminera le mode de procéder pour l'accusation, l'instruction et le jugement » ?

L'hésitation ne pouvait dès lors être permise. Constitutionnelle en soi, la proposition de loi déposée par M. Pascal Duprat se présente, en outre, comme l'exécution d'une prescription formelle du législateur. Votre Commission devait donc l'accueillir favorablement; elle l'a fait d'autant plus volontiers qu'à ses yeux toute loi qui fixe nettement la situation des grands pouvoirs publics et qui précise les responsabilités, ne peut qu'être favorable à la paix sociale en écartant le danger des conflits et en prévenant les empiétements du pouvoir personnel.

Est-ce à dire, toutefois, qu'elle a entendu donner une approbation sans réserves à toutes les parties, à tous les détails du projet émané de l'initiative de notre honorable collègue? Si elle l'avait fait, elle aurait peut-être excédé son droit; en tout cas, telle n'a pas été son intention.

La proposition, qui a été soumise à son examen s'inspire dans une large mesure d'un projet que M. Crémieux avait déposé, le 28 février 1849, au nom d'une Commission chargée par l'Assemblée constituante de préparer une loi organique sur la responsabilité du Président de la République, des ministres et autres agents ou dépositaires de l'autorité publique.

Il faut ajouter qu'elle s'en inspire d'autant plus heureusement que ce projet avait été repris à l'Assemblée législative et que notre honorable collègue faisait partie de la Commission à laquelle il fut renvoyé. Ce n'est donc pas une œuvre hâtive qui vous a été présentée; mais dans une proposition d'une telle portée, peut-être plus qu'en aucune autre, tout doit être pesé et étudié avec soin, et il est difficile qu'un examen quelque peu attentif n'y révèle pas des imperfections.

Ce n'est pas à votre Commission d'initiative d'ailleurs qu'il pouvait appartenir de les rechercher, et surtout de substituer ses appréciations à celles de l'auteur du projet. Une telle mission ne peut être donnée qu'à la Commission spéciale qui sera élue par la Chambre, et vous estimerez sans doute qu'elle doit lui être réservée tout entière.

Qu'il nous soit cependant permis de signaler un point sur lequel la critique n'a pas rencontré de contradicteurs dans la Commission. Quel sera le minimum de signatures exigé pour qu'une demande de mise en accusation soit régulièrement déposée? L'article 4 du projet se contente de dix. Il nous a paru que dans une Assemblée de plus de cinq cents membres et pour une mesure d'une telle gravité, c'était trop peu, sans que d'ailleurs nous ayons cru qu'il nous fût permis d'indiquer un autre chiffre.

La Commission qui sera nommée par la Chambre aura aussi à se demander si, en voulant éviter l'arbitraire des formules trop vagues, l'auteur de la proposition n'est pas tombé dans le danger des définitions trop multipliées; si, d'un autre côté, et comme dans le cas de l'article 14, par exemple, le projet qu'il a présenté ne renferme pas des énonciations superflues; s'il n'est pas, au contraire, insuffisant sur d'autres points, et s'il ne l'est pas, notamment, au sujet de la procédure à suivre en matière de réparations civiles.

Sous le bénéfice de ces observations, votre troisième Commission d'initiative, après avoir entendu le Gouvernement, exprime l'avis, messieurs, qu'il y a lieu de prendre en considération la proposition de l'honorable M. Pascal Duprat.

IV

PROPOSITION DE LOI sur la responsabilité ministérielle, présentée par M. Pascal Duprat, député (1).

EXPOSÉ DES MOTIFS

Messieurs, la responsabilité des ministres, comme celle du Président de la République, est établie par notre pacte constitutionnel. Il s'agit aussi de la régler, c'est-à-dire de fixer les causes d'accusation, les formes ou les conditions de la poursuite, et les peines, plus ou moins sévères, qui doivent être infligées aux coupables. Une loi, sur cet objet, est d'autant plus nécessaire que la responsabilité des ministres, beaucoup plus étendue que celle du Président, concerne tous les actes du Gouverne- et de l'Administration.

Il y a longtemps que cette loi a été promise à la France, mais elle l'a toujours attendue en vain.

Divers projets, cependant, furent portés à la tribune sous le Gouvernement de la Restauration et

(1) Séance de la Chambre des députés du 19 janvier 1878, annexe n° 313. — *Journal officiel* du 4 février 1878, p. 1055-1056.

sous celui de Juillet, soit par l'initiative individuelle, soit par les ministres eux-mêmes; mais aucun de ces projets ne reçut la consécration législative. Un seul, après avoir été approuvé par la Chambre des députés, fut amendé par la Chambre des pairs; il lui manqua le vote définitif qui devait en faire une loi. Les deux propositions qui furent présentées, après la Révolution de Février, à la Constituante et à la Législative, et qui, tout en visant la responsabilité du Président, concernaient aussi celle des ministres, n'eurent pas un sort plus heureux. Elles disparurent, comme on sait, devant le coup d'État du 2 Décembre.

Les révolutions suppléent à l'insuffisance des lois, quand le législateur n'a pas su ou voulu remplir son rôle. C'est ce qui est arrivé en 1830, après la chute de Charles X. Mais il ne faut pas laisser aux révolutions « ces fièvres d'Estat, » comme disait le cardinal de Retz, le soin de venger le droit et la liberté. Des problèmes aussi délicats doivent être résolus d'avance par le législateur.

J'ai cherché à les résoudre, messieurs, dans la proposition que j'ai l'honneur de vous présenter.

Cette proposition, nouvelle sur quelques points, comme notre Constitution l'exige, reproduit la plupart des dispositions qui ont figuré dans les projets portés à la tribune sous les Gouvernements précédents. Elle ne doit donc pas être considérée comme une loi de circonstance. Elle aurait pu m'être inspirée, sans doute, par les événements dont nous avons été les témoins, dans ces derniers temps, sous un Cabinet qui s'est joué des lois, et qui aurait démontré, au besoin, la nécessité d'une pareille mesure. J'en ai puisé la pensée dans des raisons plus générales, et je dois dire que je l'aurais présentée, quand même le 16 Mai eût été épargné à la France.

Une loi sur la responsabilité ministérielle est une des meilleures garanties qu'on puisse donner à un peuple qui veut être libre et jouir en paix de ses droits.

Cette garantie, messieurs, vous la devez à la France, et je suis convaincu que vous ne la refuserez pas.

DISPOSITION GÉNÉRALE

Les ministres sont solidairement responsables devant les Chambres de la politique générale du Gouvernement et individuellement de leurs actes personnels.

TITRE PREMIER

DES CAUSES D'ACCUSATION

ARTICLE PREMIER. — Les causes d'accusation contre les ministres sont :

1° La haute trahison;

2° La concussion;

3° La prévarication;

4° Tout crime qui, d'après la loi commune, entraîne une peine afflictive ou infamante;

5° Les délits de droit commun.

ART. 2. — Il y a crime de haute trahison de la part d'un ministre :

1° S'il se rend coupable de crimes contre la sûreté de l'État;

2° S'il participe, soit en apposant son contre-seing, soit de toute autre manière, à des actes quelconques ayant pour but d'entreprendre une guerre sans le consentement préalable du Sénat et de la Chambre des députés ;

3° S'il introduit ou laisse introduire, sans ce consentement, des troupes étrangères sur le territoire de la République ;

4° Si, dans une intention coupable, il n'exécute pas les ordres du Président de la République relatifs à la sûreté de l'État ;

5° S'il se rend coupable d'actes ou de manœuvres ayant pour objet de suspendre et de renverser la Constitution ;

6° S'il oppose au Sénat et à la Chambre des députés, où à l'une des deux Assemblées des obstacles qui paralysent son action ou entravent la marche de ses travaux.

Art. 3. — Il y a concussion de la part d'un ministre :

1° S'il agrée des offres ou promesses, s'il reçoit des dons, présents ou sommes d'argent pour préparer ou négocier un traité ou pour apposer son contre-seing à sa ratification ; pour conférer ou retirer une fonction quelconque ; pour faire ou omettre un acte dans ses attributions ; pour faciliter l'obtention de fournitures et d'entreprises adjugées ou données par l'État ;

2° S'il détourne sciemment ou fait détourner ou tolère qu'on détourne de leur destination, à son profit ou au profit d'autrui, des fonds ou valeurs appartenant à l'État, aux départements, aux communes, aux établissements autorisés par la loi ;

3° S'il ordonne, autorise ou tolère des perceptions illégales.

Art. 4. — Il y a prévarication de la part d'un ministre :

1° Si, par dons, faveurs, distributions de fonctions, de grades ou de places, promesses ou manœuvres quelconques, proclamations, circulaires, instructions données aux agents du pouvoir ou aux fonctionnaires publics, autres que celles qui se rapportent à l'exécution des lois, il intervient dans les élections ;

2° Si, par un ou plusieurs de ces moyens, il tente d'obtenir des votes dans le Sénat ou la Chambre des députés ;

3° S'il participe à des manœuvres qui peuvent influer sur la hausse ou la baisse des fonds publics et des valeurs cotées à la Bourse ;

4° Si, par des moyens coupables, il influence ou tente d'influencer les magistrats, administrateurs, jurés ou témoins ;

5° S'il compromet sciemment les intérêts de l'État par la violation ou l'inexécution des lois, ou si par un abus de son autorité, il en suspend l'exécution ;

6° S'il détourne ou laisse détourner des documents, pièces ou titres appartenant aux Administrations publiques ou aux archives ;

7° S'il intervertit ou dépasse les crédits législatifs.

La Chambre des députés, dans ce dernier cas, même si elle n'ordonne pas la poursuite, peut décider que le ministre sera tenu de verser au Trésor la somme qui sera fixée par elle jusqu'à concurrence du chiffre rejeté du crédit.

Art. 5. — Les ministres peuvent, en outre, être poursuivis devant la Cour d'Appel pour les délits de droit commun, mais seulement en vertu d'une autorisation de la Chambre des députés.

TITRE II

DE LA POURSUITE

Art. 6. — Toute demande d'accusation portée contre un ou plusieurs ministres par des députés, doit être revêtue de dix signatures au moins et déposée aux mains du président de la Chambre des députés, avec les pièces à l'appui.

Néanmoins seront recevables contre un ou plusieurs ministres, de la part des particuliers, les plaintes ou dénonciations pour crimes et délits de droit commun.

Ainsi que les demandes de mise en accusation émanées des membres de la Chambre des députés, ces plaintes ou dénonciations devront être déposées aux mains du président avec les pièces à l'appui.

Art. 7. — Dans le cas où la demande de mise en accusation, la dénonciation ou la plainte émanera de l'initiative parlementaire, le président de la Chambre, entre les mains duquel elle aura dû être déposée, convoquera immédiatement les bureaux pour nommer une Commission.

Cette Commission sera composée d'un membre par bureau; toutes les pièces lui seront remises; elle procédera aux enquêtes, soit par elle-même, soit par délégation.

Art. 8. — Les témoins assignés, qui ne comparaîtront pas, seront condamnés à une amende de 100 à 300 fr.; ils pourront être contraints par corps à comparaître, et, en cas de non comparution ou de refus de déposer, ils peuvent être condamnés par la Commission à un emprisonnement de trois jours à un mois.

Les témoins condamnés pour non comparution peuvent se faire relever de la peine en se présentant dans les dix jours de la signification devant la Commission qui les entend et prononce souverainement.

Art. 9. — La Commission délègue cinq de ses membres pour recevoir les réponses du ministre inculpé. Si des confrontations sont nécessaires, elles ont lieu devant les délégués. Il est tenu du tout procès-verbal signé par les délégués, l'inculpé et les témoins.

Art. 10. — Si la plainte ou la dénonciation émane de l'initiative individuelle, le président de la Chambre convoque le bureau, qui examine la plainte ou la dénonciation.

Si la plainte ou la dénonciation semble fondée, le bureau délègue trois de ses membres, qui se rendent chez le ministre inculpé pour l'entendre.

Il est dressé procès-verbal des demandes et des réponses.

Ce procès-verbal est signé par le ministre inculpé et par les membres délégués du bureau.

Art. 11. — Les membres délégués procèdent à l'instruction. Si les deux tiers des voix du bureau sont d'avis qu'il n'y a pas lieu à suivre, une délibération, constatée par un procès-verbal, déclare qu'il n'est donné aucune suite à la dénonciation ou à la plainte.

Il est donné acte de cette déclaration au ministre inculpé.

Art. 12. — Dans le cas où le tiers, plus un, des membres du bureau sont d'avis qu'il y a lieu à suivre, rapport est fait à la Chambre par son président, en comité secret.

Le ministre inculpé est entendu; l'Assemblée décide ensuite, au scrutin secret, s'il y a lieu de continuer la poursuite.

Dans ce cas, la Chambre se réunit dans ses bureaux, et, conformément au premier paragraphe de l'art. 7, nomme immédiatement une Commission qui procède comme il est dit aux art. 8 et suivants.

Art. 13. — Quel que soit l'avis qu'elle adopte, la Commission nomme un rapporteur qui rend compte à la Chambre en comité secret.

Le ministre inculpé peut être entendu.

Dans tous les cas, la Chambre prononce au scrutin secret.

Art. 14. — La question est ainsi posée par le président de la Chambre :

« Y a-t-il lieu à décréter d'accusation tel ministre pour crime de...? »

La Chambre vote par appel nominal au scrutin secret. L'accusation n'est prononcée que si elle est votée par la moitié, plus un, des membres composant l'Assemblée.

Art. 15. — Les bulletins qui ne renferment pas de vote écrit sont comptés comme favorables.

Le vote favorable s'exprime par ces mots : « Il n'y pas lieu. »

Le vote contraire est indiqué par les mots suivants : « Il y a lieu. »

Le résultat est proclamé par le président de la Chambre.

Art. 16. — Si la question est résolue affirmativement, le président prononce en ces termes : « L'Assemblée déclare qu'il y a lieu, contre tel ministre, à une accusation de...... Elle autorise la poursuite devant le Sénat...... »

Art. 17. — La Chambre nomme immédiatement, à la majorité absolue des suffrages, les magistrats qui doivent remplir les fonctions de ministère public devant le Sénat.

Art. 18. — La résolution de la Chambre est transmise par son président au ministre contre lequel elle a été prise.

Immédiatement l'inculpé cesse ses fonctions.

Art. 19. — Si le fait qui donne lieu à la plainte contre le ministre est un délit, le bureau procède comme il est dit aux articles 7 et suivants.

Le président fait son rapport ainsi qu'il est prescrit à l'article 13. Après avoir entendu ou appelé le ministre, en comité secret, la Chambre vote par appel nominal sur cette question : « Tel ministre doit-il être mis en prévention pour délit de...? »

Le président de la Chambre prononce en ces termes le résultat affirmatif : « La Chambre met en prévention tel ministre pour délit de...; elle autorise la poursuite devant la Cour d'appel. »

Art. 20. — L'assignation est donnée devant la Cour d'appel par un huissier commis par le premier président.

Si le ministre ne se présente pas, il est jugé par défaut.

L'opposition est recevable pendant un mois à compter de la signification à personne ou domicile. Ce délai passé, l'arrêt est définitif et sans recours.

Art. 21. — Dans le cas où la Chambre est d'avis qu'il n'y a pas lieu à poursuivre, son président prononce en ces termes : « La Chambre déclare la poursuite éteinte. »

Acte de cette décision est donnée au ministre inculpé.

Art. 22. — Le ministre, renvoyé des fins de la plainte, a le droit de citer, devant les tribunaux compétents, le dénonciateur ou le plaignant, mais seulement pendant un mois à compter de la décision de la Chambre ou de la délibération du bureau déclarant qu'il n'y a pas lieu à suivre. Ce délai passé, l'action est prescrite.

Dans tous les cas, cette action ne sera jamais ouverte contre un membre de la Chambre des députés, plaignant ou dénonciateur.

TITRE III

DES PEINES

Art. 23. — Sur les réquisitions de l'un des magistrats chargés par la Chambre des députés de remplir les fonctions de ministère public devant le Sénat, sur celles du procureur général devant la Cour d'appel, s'il s'agit d'un crime ou d'un délit prévu par la loi commune, le Sénat ou la Cour prononceront la peine portée par la loi.

Si l'accusé est reconnu coupable de trahison, la peine sera la déportation; elle sera la détention ou le bannissement quand le Sénat aura déclaré des circonstances atténuantes.

Si l'accusé est reconnu coupable de concussion, la peine sera la détention pendant cinq années au moins, dix années au plus, et une amende double de la valeur des offres agréées ou des sommes reçues; si le Sénat admet des circonstances atténuantes, la peine sera d'un emprisonnement d'un an à trois ans, sans préjudice de l'amende ci-dessus énoncée. Dans tous les cas, le concussionnaire sera interdit de ses droits politiques.

Si l'accusé est reconnu coupable de prévarication, il sera puni de bannissement pour cinq ans, de l'interdiction de ses droits politiques pendant cinq ans au moins, dix ans au plus; si le Sénat reconnaît des circonstances atténuantes, la peine sera un emprisonnement de six mois à deux ans et l'interdiction des droits politiques pour deux ans au moins, cinq ans au plus.

Art. 24. — Dans tous les cas où la poursuite aura lieu devant la Cour d'appel, si la partie civile est en cause, la Cour prononce sur les dommages-intérêts respectivement prétendus. Si elle acquitte, sans qu'il y ait partie civile aux débats, l'arrêt donne acte de la plainte ou de la dénonciation: l'article 22 est alors applicable.

TITRE IV

DES ACTIONS CIVILES ET DES DEMANDES EN RÉPARATIONS CIVILES CONTRE LES MINISTRES

Art. 25. — Toute action civile contre un ministre est suivie devant les tribunaux selon les règles ordinaires de la procédure.

Toute demande en réparations civiles contre un ministre est portée directement devant la première Chambre de la Cour d'appel, mais sur l'autorisation de la Chambre des députés.

Elle est jugée comme en matière sommaire.

V

Rapport sommaire fait au nom de la 3e Commission d'initiative parlementaire (1) chargée d'examiner la proposition de loi de M. Pascal Duprat sur la responsabilité ministérielle, par M. Durand (Ille-et-Vilaine), député (2).

Messieurs, la proposition de loi de l'honorable M. Pascal Duprat sur la responsabilité ministérielle se lie essentiellement à celle que notre collègue a présentée sur la responsabilité présidentielle. Définir et préciser les faits susceptibles d'être incriminés, fixer, tant au point de vue criminel qu'au point de vue civil, les formes et les conditions de la poursuite, déterminer les preuves en cas de conviction de crimes ou de délits, tel

(1) Cette Commission est composée de MM. Bernier, président; Lacascade, secrétaire; Malézieux, Mollien, Greppo, Patissier, Durand (Ille-et-Vilaine), Logerotte, Develle, Germain Casse, Mestreau, Guillemin, Talandier, Perras, Lesguillon, Chalamet, Devaux, Martin Nadaud, de La Rochette, baron de Bourgoing, Colin, Daron.

(2) Séance de la Chambre des députés du 24 mai 1879, annexe n° 1417. — *Journal officiel* du 16 juin 1879, p. 5242.

est encore le but qu'il a eu en vue, telle est aussi l'économie de ce nouveau projet.

C'est pour crimes de haute trahison, de concussion et de prévarication, c'est aussi pour crimes et délits de droit commun, que les ministres peuvent être poursuivis.

La mise en accusation ou en prévention est ordonnée par la Chambre des députés, soit sur l'initiative parlementaire, soit sur une plainte ou une dénonciation émanant de l'initiative individuelle. En aucun cas, elle n'est prononcée que si elle est votée par la moitié plus un des membres dont se compose l'Assemblée.

S'il s'agit d'un crime, la juridiction est celle du Sénàt, et les fonctions du ministère public sont confiées à des magistrats que la Chambre nomme immédiatement à la majorité des suffrages. S'il s'agit d'un délit, c'est la Cour d'appel qui est compétente; c'est elle aussi qui, après autorisation de la Chambre des députés, statue sur les demandes en réparations civiles.

Quant aux peines, elles sont de diverses natures. Pour la haute trahison, c'est la déportation; pour la concussion, la détention, de cinq à dix ans et l'amende; pour la prévarication, le bannissement pendant cinq ans, et, comme pour la concussion, l'interdiction des droits politiques; pour les crimes et délits prévus par la loi commune, les peines portées par la loi. L'admission des circonstances atténuantes fait d'ailleurs en toute hypothèse décroître la peine dans un ordre déterminé.

Quelque rapide qu'elle soit, cette analyse suffira sans doute, messieurs, pour faire ressortir toute l'importance de la nouvelle proposition sur laquelle votre Commission a dû une fois encore faire porter son examen.

Qu'est, aujourd'hui surtout, le Conseil des ministres, sinon un groupe d'hommes politiques que la confiance du Parlement désigne pour la direction des affaires publiques et pour l'exercice effectif du pouvoir administratif? La responsabilité ministérielle a donc au fond plus d'étendue que celle du Président de la République.

On n'exagère rien en disant qu'elle embrasse tous les actes du Gouvernement et de l'Administration. Elle est même tellement inhérente à la fonction, il est si dificile de l'en isoler, que le principe a dû en être décrété partout où les ministres ne sont pas des instruments passifs de la volonté d'un maître, et qu'on la retrouve dans les Monarchies constitutionnelles comme sous la forme républicaine. Faut-il rappeler qu'elle était inscrite dans la Constitution du 3 septembre 1791 (1), qu'elle l'était également dans la Constitution du 22 frimaire an VIII (2), qu'elle le fut même, le 22 avril 1815, dans l'Acte additionnel aux Constitutions de l'empire (3)? Ne sait-on pas aussi qu'elle trouva place dans la Charte de 1814 (art. 55 et 56), et dans la Charte de 1830 (art. 47), qu'elle fut même appliquée sous la Monarchie de Juillet, qu'elle fut enfin consacrée en termes précis et formels par l'Assemblée constituante le 4 novembre 1848?

Mais à quoi bon faire appel au passé? La respon-

(1) C. 3 septembre 1791, titre 3, chap. II, section 4, art. 5 et 6.
(2) C. 22 frim. an VIII, art. 72 et suiv.
(3) A. add., art. 39 et suiv.

sabilité des ministres n'est-elle pas aujourd'hui l'une des règles de notre Constitution? Après la loi du 24 février 1875, qui dispose dans son article 6 que « les ministres sont solidairement responsables devant les Chambres de la politique générale du Gouvernement, et individuellement de leurs actes personnels », la loi du 16 juillet de la même année ne déclare-t-elle pas dans son article 12 que « les ministres peuvent être mis en accusation pour crimes commis dans l'exercice de leurs fonctions »?

En soi, la proposition de l'honorable M. Pascal Duprat est donc constitutionnelle dans toute l'acception du mot. Il y a plus : elle répond à un vœu et même à une prescription du législateur, puisque la Constitution de 1875 porte qu'une « loi déterminera le mode de procéder pour l'accusation, l'instruction et le jugement » (1). Elle se recommande d'ailleurs par une considération qui serait décisive à elle seule. Organiser d'une manière efficace la responsabilité ministérielle, ce n'est pas seulement développer et vivifier l'esprit de la Constitution; c'est, par la précision même de la sanction, donner au pays des garanties contre l'arbitraire, c'est le protéger contre des entreprises coupables, c'est lui assurer, dans une mesure plus considérable, la jouissance paisible de ses droits.

Lorsque l'on jette un coup d'œil sur les législations étrangères, on voit que l'intérêt de cette grave question ne leur a point échappé, et que dans les pays monarchiques eux-mêmes la responsabilité ministérielle a été définie et réglée. En

(1) L. 26 juillet 1875, art. 12, *in fine*.

Italie, un décret du roi peut constituer le Sénat en Haute-Cour de justice pour juger les ministres accusés par la Chambre des députés.

En Angleterre, les ministres peuvent aussi être traduits par la Chambre des communes devant la Chambre des pairs pour violation des droits constitutionnels, malversations ou autres crimes ou délits contre l'État, ainsi que pour toute faute ou négligence dans l'administration des affaires publiques. Le droit de proposer, sous forme de motion, la mise en accusation, appartient à chaque membre de la Chambre des communes. Si la motion est admise, les Communes nomment des procureurs spéciaux (*managers*), qui soutiennent l'accusation devant la Chambre haute.

Entre la législation anglaise et la proposition que vous nous avez renvoyée, il y a assurément, messieurs, certaines analogies. L'honorable M. Pascal Duprat ne semble pas cependant les avoir cherchées; c'est à une autre source qu'il a puisé, c'est dans nos Archives nationales qu'il a trouvé ses documents. Le projet de loi sur la responsabilité présidentielle et ministérielle qui fut déposé en 1849 sur le bureau de l'Assemblée constituante par l'honorable M. Crémieux, qui fut plus tard repris à l'Assemblée législative par M. Pradié, et qui avait été élaboré avec soin par une Commission de l'Assemblée constituante, déterminait déjà les causes, le mode et la fin des poursuites contre les membres du Ministère. La proposition de loi de notre collègue en reproduit souvent les dispositions, et quand elle s'en écarte, c'est pour se mettre d'accord avec nos nouvelles institutions, et spécialement pour donner satisfaction à la règle constitutionnelle qui veut que les ministres soient jugés par le Sénat.

Votre Commission ne pouvait dès lors, messieurs, que faire dans la limite de ses attributions un accueil favorable au projet qui lui était soumis. Ce n'est pas qu'un examen attentif ne puisse y révéler des imperfections, et que la critique ne trouve à s'y exercer. On peut se demander notamment si les énonciations n'y sont pas trop multipliées, si en voulant énumérer, par exemple, tous les cas dans lesquels il y a haute trahison, concussion et prévarication, l'auteur de la proposition ne s'expose pas presque nécessairement à des omissions, s'il n'eût pas mieux valu statuer en termes généraux et par là même plus compréhensifs.

Il nous a paru aussi, comme nous l'avons déjà fait remarquer au sujet de la responsabilité présidentielle, qu'en fixant à dix seulement le minimum des signatures pour la demande d'accusation, le projet avait, dans une matière aussi grave, adopté un chiffre trop peu élevé. Peut-être enfin quelques articles, comme l'article 5 pour n'en citer qu'un, laissent-ils à désirer sous le rapport de la correction et surtout de la précision juridique. Mais nous avons pensé qu'il ne nous appartenait pas de nous appesantir sur ces divers points. C'est par une Commission spéciale qu'ils seront appréciés, par la Commission que vous nommerez si, comme nous avons l'honneur d'en émettre l'avis, vous prenez en considération la proposition de l'honorable M. Pascal Duprat.

VI

Loi du 10 avril 1889 sur la procédure à suivre devant le Sénat pour juger toute personne inculpée d'attentat commis contre la sûreté de l'État.

Le Sénat et la Chambre des députés ont adopté,

Le Président de la République promulgue la loi dont la teneur suit :

CHAPITRE PREMIER

ORGANISATION DU SÉNAT EN COUR DE JUSTICE

Article premier. — Le décret qui constitue le Sénat en Cour de justice, par application de l'article 12, paragraphe 3, de la loi constitutionnelle du 16 juillet 1875, fixe le jour et le lieu de sa première réunion.

La Cour a toujours le droit de désigner un autre lieu pour la tenue de ses séances.

Art. 2. — Tous les sénateurs élus antérieurement à ce décret sont tenus de se rendre à la convocation qu'il renferme, à moins qu'ils n'aient à présenter des motifs d'excuse.

Ces motifs sont appréciés par le Sénat en Chambre du conseil.

Les sénateurs élus postérieurement au décret de convocation ne pourront connaître des faits incriminés.

Art. 3. — Le Président de la République nomme parmi les membres des Cours d'appel ou de la Cour de cassation :

1° Un magistrat chargé des fonctions de procureur général ;

2° Un ou plusieurs magistrats chargés de l'assister comme avocats généraux.

Art. 4. — Le secrétaire général de la présidence du Sénat remplit les fonctions de greffier.

Il peut être assisté de commis greffiers assermentés nommés par le président du Sénat.

Les actes de la procédure sont signifiés par les huissiers des Cours et Tribunaux.

Les huissiers du Sénat remplissent, pour le service d'ordre intérieur, les fonctions d'huissiers audienciers.

Art. 5. — Toutes les pièces de l'information commencée par la justice ordinaire sur les faits incriminés sont envoyées au procureur général désigné conformément à l'article 3. Néanmoins, les magistrats qui ont commencé l'information continuent à recueillir les indices et les preuves, jusqu'à ce que le Sénat ait ordonné qu'il soit procédé devant lui.

CHAPITRE II

DE L'INSTRUCTION ET DE LA MISE EN ACCUSATION

Art. 6. — Le Sénat entend en audience publique la lecture du décret qui le constitue en Cour de justice et le réquisitoire du procureur général.

Il ordonne qu'il sera procédé à l'instruction.

Art. 7. — Une Commission de neuf sénateurs est chargée de l'instruction et prononce la mise en accusation.

Elle est nommée au scrutin de liste, en séance

publique et sans débats, chaque année, au début de la session ordinaire.

Elle choisit son président.

Le Sénat élit de la même manière cinq membres suppléants.

ART. 8. — Dès que le Sénat a ordonné l'instruction, le président de cette Commission y procède.

Il est assisté et suppléé au besoin par des membres de la Commission désignés par elle.

Il est investi des pouvoirs attribués par le Code d'instruction criminelle au juge d'instruction, sous les réserves et avec les modifications indiquées dans la présente loi.

Il peut décerner un mandat d'arrêt sans qu'il soit besoin des conclusions du ministère public.

Il ne rend point d'ordonnance.

Sur les demandes de mise en liberté provisoire, il est statué sans recours par la Commission, après communication au procureur général.

ART. 9. — Aussitôt que l'instruction est terminée, le président de la Commission remet le dossier au procureur général et invite chacun des inculpés à faire choix d'un défenseur. Faute par un inculpé de déférer à cette invitation, il lui en désigne un d'office.

Après que le procureur général a rendu le dossier avec ses réquisitions écrites, communication en est donnée aux conseils des inculpés par la voie du greffe, où le dossier demeure déposé au moins pendant trois jours.

ART. 10. — Ce délai expiré et au jour fixé par son président, la Commission se réunit sous le nom de Chambre d'accusation et entend, en présence du procureur général, la lecture :

1° Du rapport sur l'instruction présenté par le président ou l'un de ses assesseurs, désignés en l'article 8 ;

2° Des réquisitions écrites du procureur général ;

3° Des mémoires que les inculpés auraient fournis.

Les pièces du procès seront déposées sur le bureau.

Le procureur général se retirera avec le greffier.

Art. 11. — La Chambre d'accusation statue sur la mise en accusation, par décision spéciale pour chaque inculpé, sur chaque chef d'accusation.

L'arrêt de mise en accusation contient une ordonnance de prise de corps.

Art. 12. — L'arrêt est rendu en Chambre du conseil ; il y est fait mention des sénateurs qui y ont concouru.

Il est signé par eux.

Art. 13. — Le procureur général rédigera l'acte d'accusation.

Cet acte expose : 1° la nature du fait qui forme la base de l'accusation ; 2° les circonstances du fait.

Art. 14. — L'arrêt de mise en accusation et l'acte d'accusation sont notifiés aux accusés trois jours au moins avant le jour de l'audience. Il en est laissé copie à chacun d'eux, avec citation à comparaître devant la Cour au jour fixé par le président du Sénat.

CHAPITRE III

DU JUGEMENT

Art. 15. — Les débats sont publics. Ils sont présidés par le président du Sénat ou, à son défaut, par l'un des vice-présidents désignés par le Sénat.

Art. 16. — Au commencement de chaque audience, il est procédé à l'appel nominal.

Les sénateurs qui n'auront pas été présents à toutes les audiences ne pourront pas concourir au jugement.

Ne pourront non plus y concourir les sénateurs composant la Commission organisée par l'article 7, s'ils sont récusés par la défense.

Art. 17. — Toutes les exceptions, y compris celle d'incompétence, laquelle pourra toujours être relevée, même d'office, seront examinées et jugées, soit séparément du fond, soit en même temps que le fond, suivant ce que le Sénat aura ordonné.

Art. 18. — Après l'audition des témoins, le réquisitoire du ministère public, les plaidoiries des défenseurs et les observations des accusés, qui auront les derniers la parole, le président déclare les débats clos et la Cour se retire dans la Chambre du conseil pour délibérer.

Art. 19. — Pour chaque accusé, les questions sur la culpabilité et sur l'application de la peine sont formulées par le président et mises aux voix séparément.

Art. 20. — Les débats publics étant clos, la discussion est ouverte en Chambre du conseil. Après quoi l'on procède au vote.

Sur chaque question relative à la culpabilité et sur la question de savoir s'il y a des circonstances atténuantes, le vote a lieu pour chaque accusé dans la forme suivante :

Il est voté séparément pour chaque inculpé sur chaque chef d'accusation.

Le vote a lieu par appel nominal en suivant l'ordre alphabétique, le sort désignant la lettre par laquelle on commencera.

Les sénateurs votent à haute voix, le président vote le dernier.

Art. 21. — Si l'accusé est reconnu coupable, il lui est donné connaissance en séance publique de la décision de la Cour.

Il a le droit de présenter des observations dans les termes de l'article 363 du Code d'instruction criminelle.

Art. 22. — La décision sur l'application de la peine a lieu dans la même forme.

Toutefois, si, après deux tours de vote, aucune peine n'a réuni la majorité des voix, il est procédé à un troisième tour, dans lequel la peine la plus forte proposée au tour précédent est écartée de la délibération. Si à ce troisième tour aucune peine n'a encore réuni la majorité absolue des votes, il est procédé à un quatrième tour et ainsi de suite, en continuant à écarter la peine la plus forte, jusqu'à ce qu'une peine soit prononcée par la majorité absolue des votants.

Art. 23. — Les dispositions pénales relatives au fait dont l'accusé sera déclaré coupable, combinées, s'il y a lieu, avec l'article 463 du Code pénal, seront appliquées, sans qu'il appartienne au Sénat d'y substituer de moindres peines.

Ces dispositions seront rappelées textuellement dans l'arrêt.

Art. 24. — L'arrêt définitif sera lu en audience publique par le président ; il sera notifié sans délai par le greffier à l'accusé.

CHAPITRE IV.

DISPOSITIONS GÉNÉRALES

ART. 25. — Les décisions ou arrêts du Sénat ne peuvent être rendus qu'avec le concours de la moitié plus un au moins de la totalité des sénateurs qui ont droit d'y prendre part. Ils ne sont susceptibles d'aucun recours.

ART. 26. — Les arrêts de la Cour sont motivés. Ils sont rédigés par le président, adoptés par la Cour en Chambre du conseil, et prononcés en audience publique.

Ils font mention des sénateurs qui y ont concouru.

Ils sont signés par le président et le greffier.

ART. 27. — Les voix de tous les sénateurs sont comptées, quels que soient les degrés de parenté ou les alliances existant entre eux.

ART. 28. — Tout sénateur est tenu de s'abstenir, s'il est parent ou allié de l'un des inculpés jusqu'au degré de cousin issu de germain inclusivement, ou s'il a été entendu comme témoin dans l'instruction.

S'il a été cité comme témoin et qu'il ait déclaré n'avoir aucun témoignage à fournir, il devra concourir à tous arrêts et décisions.

ART. 29. — Tout sénateur qui croit avoir des motifs de s'abstenir, indépendamment de ceux qui sont mentionnés à l'article précédent, doit les déclarer au Sénat, qui prononce sur son abstention en Chambre du conseil. Il est tenu de siéger si les motifs d'abstention ne sont pas jugés valables.

ART. 30. — Les sénateurs, membres du Gouverment, ne prennent part ni à la délibération ni au vote sur la culpabilité.

Art. 31. — Il est tenu procès-verbal des séances de la Cour.

Ce procès-verbal est signé par le président et le greffier.

Art. 32. — Les dispositions du Code d'instruction criminelle et de toutes autres lois générales d'instruction criminelle qui ne sont pas contraires à la présente loi sont appliquées à la procédure, s'il n'en est autrement ordonné par le Sénat.

DISPOSITION TRANSITOIRE

Art. 33. — La Commission organisée par l'article 7 sera élue pour la première fois dans les huit jours de la promulgation de la présente loi.

La présente loi, délibérée et adoptée par le Sénat et par la Chambre des députés, sera exécutée comme loi de l'État.

Fait à Paris, le 10 avril 1889.

Signé : Carnot.

Par le Président de la République :

Le garde des sceaux,
Ministre de la Justice et des Cultes,
Signé : Thévenet.

Le président du Conseil,
Ministre du Commerce, de l'Industrie et des Colonies,
Signé : E. Tirard.

TABLE DES MATIÈRES

CHAPITRE II

Les ministres de Louis XVI.

CHAPITRE III

La Restauration.

CHAPITRE V

Les Constitutions de 1848 et de 1875.

CHAPITRE VI

Du 16 Mai à nos jours.

PIÈCES JUSTIFICATIVES

I

II

III

IV

www.ingramcontent.com/pod-product-compliance
Ingram Content Group UK Ltd.
Pitfield, Milton Keynes, MK11 3LW, UK
UKHW020315230726
13925UKWH00002B/439